Leonie Herbst,
Emilia Weldner

Wir
vom Jahrgang
2006
Kindheit und Jugend

Impressum

Bildnachweis:

Umschlag
Privatarchiv Herbst (oben); speed300 – stock.adobe (unten); Privatarchiv Weldner (Rückseite).

Innenteil
Privatarchiv Weldner: S. 4, 8, 9 r. + u., 11 l., 12, 13 l., 14, 16, 17, 27, 28, 35 o., 36 o., 37, 42 u., 45, 50, 52, 54, 55, 58, 62 l.; Privatarchiv van Ravenstein: S. 6; Privatarchiv Herbst: S. 7, 9 l., 10, 11 r., 18 o., 19, 21 l., 22, 24, 30 o., 31, 59, 60, 61; Privatarchiv Seemann: S. 13 u., 20 r., 21 r.; Privatarchiv Bargheer: S. 18 u., 20 l., 23; Adobe Stock: anatoliy_gleb: S. 13 o., Matthias Stolt: S. 26, contrastwerkstatt: S. 29, Irina Schmidt: S. 32, Mikkel Bigandt: S. 35 u., jordi2r: S. 36, Tyler Olson: S. 38, Christian Schwier: S. 41, crevis: S. 42 o., Alexander: S. 43, speed300: S. 44, Animaflora PicsStock: S. 46, Krakenimages.com: S. 57 l., Syda Productions S. 57 r.; picture alliance / Ramona Heim/Shotshop | Ramona Heim: S. 30 u.; picture alliance / Westend61 | Westend61 / Martin Rügner: S. 34; ullstein bild - CARO / Frank Sorge: S. 47; Privatarchiv Döring: S. 53.

Wir danken allen Lizenzträgern für die freundliche Abdruckgenehmigung.
In Fällen, in denen es nicht gelang, Rechtsinhaber an Abbildungen zu ermitteln, bleiben Honoraransprüche gewahrt.

Redaktionelle Seiten des Verlags: S. 15, 25, 39, 49, 63.

1. Auflage 2023
Alle Rechte vorbehalten, auch die des auszugsweisen
Nachdrucks und der fotomechanischen Wiedergabe.
Gestaltung und Satz: r2 | Ravenstein, Verden
Druck: Druck- und Verlagshaus Thiele & Schwarz GmbH, Kassel
Buchbinderische Verarbeitung: Buchbinderei S. R. Büge, Celle
© Wartberg-Verlag GmbH
34281 Gudensberg-Gleichen • Im Wiesental 1
Telefon: 056 03/9 30 50 • www.wartberg-verlag.de
ISBN: 978-3-8313-3106-2

Vorwort
Liebe 2006er!

Willkommen zu einer Zeitreise unserer Generation: der Generation von 2006. Haltet euch fest und schnallt euch gut an, denn dies wird ein purer Flashback der letzten 18 Jahren unseres Lebens. Beginnend mit einer Zeit, an die wir uns selbst gar nicht mehr erinnern können, starten wir unser erstes Kapitel: jenes unserer Babyjahre. Wie gerne würden wir noch einmal in diese Zeit zurückreisen und uns anschauen, wie wir lebten, was wir taten und liebten. Da wir aber leider keine Zeitreise-Maschine besitzen, die uns dies ermöglicht, müssen wir auf die Bilder und Geschichten von unseren Eltern zurückgreifen. Was soll's, schließlich kam bald ein viel größerer Schritt in unserem Leben auf uns zu: die Kindergartenzeit. Ach, war sie nicht schön? So viele Erinnerungen an unsere ersten Freunde und Spiele. Auch die Grundschulzeit war etwas Besonderes für uns. Doch der „Ernst des Lebens" kam immer näher, was uns nicht davon abhielt, Geburtstage und alle möglichen Feste ausgiebig zu feiern. Das Alter von elf bis 14 war dann schon eher so eine Sache. Wir mussten plötzlich die Schule wechseln und irgendwann entschied unser Körper, uns in die Pubertät zu versetzen. Es entstanden Probleme, wo vorher keine waren. Aber auch diese nicht immer so einfache Zeit ging irgendwann vorbei und unser größter Traum ging in Erfüllung: Wir wurden erwachsen. Wir wurden 18 und damit volljährig. Doch bevor wir uns mit der Gegenwart beschäftigen, lasst uns noch einmal den Weg bis zum Erwachsenwerden in vollen Zügen genießen und geht mit uns auf die Reise zurück an den Anfang, ins Jahr 2006.

Viel Spaß dabei wünschen euch

Leonie Herbst   Emilia Weldner

Der Beginn von etwas ganz Großem

2006–2008

Die Ruhe vor dem Sturm!

Wer ist bereit für den coolsten Jahrgang überhaupt?

Da waren wir: die neuen Kinder des Jahrgangs 2006, bereit, die Welt unserer Eltern auf den Kopf zu stellen. Dabei schien ihr Leben auch schon vor unserer Geburt ordentlich durcheinandergewirbelt worden zu sein. Manche befriedigten ihre Nervosität mit einer Kaufsucht für Babyklamotten. Andere lasen alle möglichen Baby-Ratgeber und wieder andere stellten unendliche Listen mit Namen auf. Apropos Namen, das war eine heikle Sache für unsere Eltern. Wir

Chronik

15. Januar 2006
Zum ersten Mal bringt die NASA-Sonde Staub eines Kometen mit, welcher etwas über die Entstehung des Sonnensystems verraten soll.

9. Juni 2006
Die Fußballweltmeisterschaft findet zum zweiten Mal in Deutschland statt. Den Titel holt sich Italien.

23. August 2006
Nach mehr als acht Jahren Gefangenschaft kann die 18-jährige Natasha Kampusch in Wien ihrem Entführer entkommen.

22. Oktober 2006
Der erfolgreichste deutsche Formel-Eins-Fahrer, Michael Schumacher, beendet seine Karriere nach 16 Jahren.

Januar 2007
Die Länder Bulgarien und Rumänien treten der EU bei.

9. Januar 2007
Das erste iPhone wird vorgestellt.

1. September 2007
Das Rauchverbot in deutschen Gaststätten, im öffentlichen Nahverkehr und in öffentlichen Räumen tritt in Kraft.

1. März 2008
Der Orkan Emma wütet über Deutschland und richtet dabei erhebliche Schäden an, fünf Menschen sterben.

26. Juni 2008
Spanien gewinnt zum ersten Mal die Fußballeuropameisterschaft, nachdem die Mannschaft 1:0 gegen die deutsche Elf gewonnen hat.

15. September 2008
Durch die Insolvenz der amerikanischen Investmentbank Lehman Brothers und den Notverkauf der Investmentbank Merrill Lynch erreicht die weltweite Finanzkrise den Höhepunkt.

4. November 2008
In den USA wird Barack Obama zum 44. Präsidenten der Vereinigten Staaten gewählt.

sollten schließlich nicht alle denselben Namen haben. Und doch kam es dazu, dass Lukas und Tim, aber auch Leonie und Lena bei sehr vielen in die engere Auswahl kamen. Zum Glück hatten wir immer noch die Möglichkeit, uns Spitznamen zu geben.

Aber nicht nur die Namensentscheidung überforderte unsere Eltern, auch die riesige Menge an Dingen, die man für ein Neugeborenes unbedingt benötigt, war kaum zu überblicken. Was sie nicht schon von früheren Schwangerschaften besaßen oder von Bekannten mit Kindern geerbt hatten, kauften sie neu und schafften es so, einen kompletten Kleiderschrank für jemanden zu füllen, der noch nicht mal auf der Welt war. Auch Spielzeug wartete genug auf uns, denn nicht nur unsere Eltern waren im Kaufrausch, auch Freunde und Familie liebten es, uns, die wir noch in den Bäuchen der Mütter waren, schon Geschenke zu machen.

Nach unserer Geburt steigerte sich die Euphorie. Es gab kaum jemanden mehr, der unsere Eltern nur ihretwegen besuchte. Wir waren die Hauptattraktion, die jeder gesehen haben musste. Warum auch immer, alle um uns herum waren der festen Überzeugung, dass sie die Stimme verstellen müssten, damit wir sie verstehen würden. Das taten wir natürlich nicht und trotzdem waren wir der „Main Character", auch wenn wir das zu diesem Zeitpunkt noch nicht wussten.

1. bis 3. Lebensjahr

Beste Musik 2006

Wir 2006er sind bekannt dafür, einen guten Musikgeschmack zu haben. Unsere Eltern sind daran nicht ganz unbeteiligt gewesen, schließlich hörten sie Musik wie „Love Generation" von Bob Sinclair. Aber nicht nur dieser Song lief 2006 als Dauerschleife in den deutschen Radios, auch „Das Beste" von Silbermond war ein voller Hit und bereitete unsere Eltern auf uns vor, denn wir waren wirklich das Beste, was ihnen je passiert war. Für die etwas Wilderen unter unseren Eltern war die Musik von Gnarls Barney eine gute Wahl. So tanzten auch wir schon während der Schwangerschaft mit unseren Müttern, zu Liedern wie „Crazy". Sowohl unser Musikgeschmack als auch unser Tanzblut wurde jedoch spätestens mit den Liedern „Hips Don't Lie" von Shakira und „SOS" von Rihanna geprägt.

Wir sind endlich da!

Unser erster Schrei war für unsere Eltern der schönste. Es war der Moment, von dem ab sie wussten, dass sie uns zur Welt gebracht hatten. Sie konnten uns nun zum ersten Mal im Arm halten und wollten uns am liebsten nie wieder loslassen. Auch wenn wir uns alle an diese Zeit nicht mehr erinnern können, wissen wir, dass es ein besonderer Moment war. Doch unsere Eltern mussten uns für eine kurze Zeit aus der Hand geben, damit wir gemessen, gewogen, untersucht und gewaschen werden konnten. Nach nur ein paar Tagen war es dann so weit, wir kamen das erste Mal in unser neues Zuhause. Von nun an lebten wir in diesen vier Wänden mit unseren Eltern und eventuell Geschwistern, Haustieren und Co.

Natürlich war auch unsere Verwandtschaft gespannt darauf, uns das erste Mal zu sehen. Vor allem unsere Omas und Opas konnten es kaum erwarten, ihre kleinen Enkelkinder im Arm halten zu dürfen.

Eingekuschelt schläft es sich am besten.

Soo süß!

Unser Leben damals war um einiges entspannter als zur jetzigen Zeit, denn unsere einzige Aufgabe war es zu schreien, wenn wir irgendwas zu bemängeln hatten, und süß auszusehen, was natürlich auch noch heute kein Problem für uns ist. Jedoch war die Zeit für unsere Eltern nicht ganz so einfach wie für uns. Sie mussten sich schließlich um einen neuen Erdbewohner kümmern. Daraus entstanden Fragen über Fragen: Warum schreit mein Baby die ganze Zeit? Ist Fläschchennahrung oder das Stillen besser? Wie kriege ich mein Kind zum Schlafen? Wir merken also, dass diese Zeit ganz schön neu für sie war. Doch unsere Eltern haben es gut mit uns hinbekommen, auch wenn sie noch nicht wussten, zu was ihr kleiner Nachwuchs noch fähig sein würde.

Sieger der Herzen

Alle vier Jahre fiebern viele Nationen bei der Fußballweltmeisterschaft mit, besonders bei der im Jahr 2006. Am 9. Juni fand die Eröffnung in München statt. Es war bereits das zweite Mal seit 1974, dass die Fußball-WM in Deutschland ausgetragen wurde.

Es gab spannende Spiele und die deutsche Nationalmannschaft war Feuer und Flamme, sich den Titel zu sichern. Zwar reichte es am Ende für einen WM-Sieg nicht ganz aus, die Elf erreichte aber immerhin den dritten Platz. Den Siegerpodest bestiegen die „Azzurri", die Nationalmannschaft Italiens.

Die Mannschaft von Bundestrainer Jürgen Klinsmann ließ sich trotzdem mächtig in Berlin feiern. Denn auch wenn Schweini, Poldi, Ballack, Klose und Co. nicht den Pokal gewonnen haben, so haben sie doch die Herzen der Fans erobert.

1. bis 3. Lebensjahr

Ein Löffel für Papa, …

Wir lieben Essen

Nach unserer Geburt begannen unsere Mütter uns zu stillen oder mit der Flasche aufzuziehen. Wir waren hungrig und das besonders in unseren ersten paar Lebensmonaten. Kaum waren wir irgendwo unterwegs, hatten wir Hunger, aber zum Glück hatten sie unsere Milch immer dabei. Unsere Eltern und gerade unsere Mütter waren jedoch sehr erfreut, als wir endlich etwas mehr essen durften. Manch einer von uns erwartete diesen Zeitpunkt schon sehnsüchtig, voller Vorfreude, endlich auch das Essen zu bekommen, was die Großen um uns herum aßen. Ernüchternd, wenn man bedenkt, was wir wirklich bekamen: Brei! Plötzlich mutierten einige unserer Eltern zu Chefköchen und bereiteten selbst den so heiß begehrten Gemüsebrei vor. Doch egal, ob Gläschen von Hipp oder selbst gemachter Brei, es schmeckte uns gut. Zumindest meistens. Durchaus kam es auch vor, dass unsere Eltern beim Füttern nicht ganz so unbeschadet aus der Situation herauskamen. Aber hey, eigentlich wollten wir sie doch auch nur mal probieren lassen. Unsere Eltern wussten schnell, wie sie uns austricksen konnten, und so aßen wir selbst das, was wir nicht mochten, wenn unser Löffel sich in ein Flugzeug verwandelte. Aus dem fein pürierten Brei wurde schnell festeres Essen. Wir bekamen schließlich schon die ersten Zähne und unsere Eltern begannen nun wirklich, uns bei den Mahlzeiten einzugliedern. Weniger Gewürze und all das klein gehackte Gemüse machte uns nichts aus, denn zumindest durften wir mitessen, was auf den Tisch kam. Alsbald stellte sich heraus, was wir mochten und was eben nicht. So geschah es durchaus, dass das Essen schneller wieder draußen war als gedacht. Aber das machte ja nichts, schließlich besaßen wir mehr Lätzchen als nötig.

Das war lecker.

Schlafen können wir überall.

Der Platz, wo unsere Träume beginnen

Unser Schlafplatz war bis zu unserem ersten Lebensjahr unser Heiligtum. Schließlich bestand unser Tag größtenteils aus Schlafen – und Aufwachen, weil uns irgendwas nicht so ganz passte. Aber wir mussten ja schließlich auch dafür sorgen, dass unsere Eltern nicht zu viel Schlaf bekamen. Egal, ob es Bauchschmerzen waren, Hunger oder irgendetwas anderes, was uns beim Schlafen störte, wir schrien – und das so lange, bis uns irgendjemand zu sich auf den Arm nahm. Das Beistellbett war gerade für unsere Eltern sehr praktisch. Manchmal jedoch wurde auch der Laufstall zum Bett umfunktioniert, wenn die Müdigkeit uns doch mal beim Spielen einholte. Doch schliefen wir nicht nur zu Hause, wenn wir richtig müde waren, schliefen wir überall und so fand man uns schlummernd in Autos oder auch in den Armen von Familienmitgliedern. Friedlich, zumindest für den Moment.

Ein gutes Buch zum Einschlafen.

1. bis 3. Lebensjahr

Auf der Suche nach Abenteuern.

Spielen, spielen und noch mehr spielen

Wir konnten noch nicht viel als Babys. Wir hatten vielleicht gerade einmal gelernt unseren Kopf oben zu behalten oder auf dem Boden zu robben, doch das hinderte uns nicht daran spielen zu wollen. Spielebögen waren dafür eine gute Möglichkeit. Sie faszinierten uns, schließlich baumelten plötzlich alle möglichen Dinge über uns, die sich dazu auch noch bewegten. Manchmal waren es auch einfach Rasseln oder Kuscheltiere, die uns zu den glücklichsten Kindern der Welt machten. Natürlich mussten wir ausprobieren, wie unsere Spielzeuge schmeckten, und so sah man uns fast durchgehend auf irgendwelchen Dingen herumbeißen.

Besonders ein Spielzeug half uns tatsächlich, als wir die ersten Zähne bekamen: Der Beißring war bei vielen von uns der beste Retter, auch wenn wir das ein oder andere Mal trotzdem weinten. Mama, Papa und unser Lieblingskuscheltier waren dennoch immer für uns da.

Passt vor uns auf

Unsere Eltern dachten zwar lange und intensiv darüber nach, welcher Kinderwagen und welcher Maxi Cosi am besten für uns waren, damit wir es darin gut und lange aushielten. Doch ab einem bestimmten Moment wurde uns das Liegen und Sitzen zu langweilig. So übten und übten wir, bis wir endlich krabbeln konnten. Es war sehr spannend und spaßig für uns, da wir von nun an unser Zuhause selbst erkunden konnten. Naja, wenigstens die untere Ebene der Räume. Doch dies hieß auch für unsere Eltern Kindersicherungen anbringen, denn nun konnten ihre kleinen Schützlinge die Wohnung ganz schön auf den Kopf stellen.

Das Krabbeln war uns aber irgendwann nicht mehr genug, also hielten wir uns bald an den Händen unserer Eltern fest und wagten unsere ersten Schritte. Vorsichtig setzten wir einen Fuß vor den anderen. Und auf einmal liefen wir herum, als gäbe es kein Morgen mehr. Es ging jedoch leider nicht so schnell wie erhofft. Oft erlitten wir Fehlschläge und fielen auf unseren Popo. Unsere Eltern mussten diese Fortschritte selbstverständlich mit ihrer Kamera dokumentieren und stolz der Familie und den Freunden zeigen. Die eine oder andere Sache ging bei unseren Laufversuchen schon mal kaputt. Spätestens ab diesem Moment wurden die meisten Dekoartikel weiter oben in Sicherheit gebracht. Denn nur eins war sicher: Nichts war mehr vor unseren kleinen Patschehändchen sicher.

Wir waren nicht die Einzigen, die sich über unsere neue Lauffähigkeit freuten, schließlich mussten unsere Eltern uns nicht mehr ständig tragen. Wir wurden ja nicht gerade leichter.

Vom Krabbeln zum Laufenlernen.

Raus in die Welt

Unsere Eltern wollten mit uns raus in die Welt und am besten schon alles mit uns unternehmen. Eltern-Kind-Kurse zählten dazu. Und so waren wir schon mit nicht einmal einem Jahr in unzähligen Kursen und Gruppen angemeldet, wie dem Babyschwimmen oder den Krabbelgruppen. Das Babyschwimmen war

Babyschwimmen und Krabbelkurse waren unsere ersten Gruppenerlebnisse.

so eine Sache, denn während die einen das Wasser liebten, hassten es andere, und so wurden die Schwimmbäder regelmäßig von unzufriedenem Babygeschrei erfüllt. Auch die Krabbelgruppen waren mal mehr und mal weniger beliebt. Manche von uns setzten ihre Prioritäten lieber aufs Schlafen, statt mit den anderen Kindern zu spielen. Aber immerhin nutzten unsere Eltern die Gelegenheit, um mal wieder unter Gleichgesinnte zu kommen.

Eine neue Technologie

Am 9. November 2007 kam das erste iPhone auf den Markt. Apple-Gründer Steve Jobs stellte es vor. Das Smartphone war der Anfang einer komplett neuen Technologie, die in den folgenden Jahren den Markt erobern sollte. Es hatte bereits so viele neue Funktionen, dass kein Handy an dieses Gerät herankam.

Tasten waren Geschichte, Touch war das, was alle nun haben wollten. Das iPhone aus der 1. Generation war darüber hinaus besonders schmal und leicht und hatte gleichzeitig ein großes Display, was es zum Verkaufsschlager machte. Dennoch hätte keiner geahnt, wie stark sich das iPhone bis heute weiterentwickeln würde.

Rollen ist unsere neue Leidenschaft

Eine sehr wichtige Sache für uns war natürlich die Fortbewegung. Nachdem wir nun schon seit einiger Zeit laufen konnten, wollten wir die Welt noch schneller erkunden. Dafür war unser Bobbycar eine gute Lösung. Wir düsten auf unserem Rutschauto durch die Wohnung und den Garten. Später, im Kindergarten, konnten wir sogar einen Führerschein dafür absolvieren. Irgendwann wurden wir aber auch so groß, dass das Bobbycar-Fahren ganz schön anstrengend wurde. Also musste etwas anderes her: Ein Laufrad war eine gute Idee. Damit flitzten wir überall hin. Beim Spaziergang mit unseren Eltern, auf dem Weg zum Spielplatz oder zum Einkaufen, überall war unser kleines Gefährt dabei. Uns gab es nur noch im Doppelpack. Auch der Tretroller war bei uns ein beliebtes Fahrzeug. Auf den Spielplatz durften wir unseren großen Bagger mitnehmen, auf den man sich setzen und mit dem man selbst fahren konnte. Damit war man der Star im Sandkasten.

Falls es jedoch mal schnell gehen musste, kamen wir ganz einfach bei unseren Eltern hinten auf den Sitz des Fahrrads oder in einen Anhänger. Das war für uns am entspanntesten von allem. Wir hatten also viel Auswahl, um herumzukommen.

Wir liebten unser Laufrad.

Immer in Gesellschaft

Ob Krabbelkurs oder Kleinkindturnen, wir Kinder fanden das spaßig und freuten uns über die ersten Begegnungen mit anderen Kleinkindern. Aber auch unsere Eltern konnten Bekanntschaften mit Gleichgesinnten schließen, sich austauschen und gegenseitig helfen.

Nach der Elternzeit mussten sie jedoch wieder zur Arbeit gehen, und da stellte sich die Frage: Wohin mit dem Kind? Schließlich konnten Oma und Opa nicht immer einspringen. Auch wenn wir am liebsten bei ihnen geblieben wären und sie sich gerne um uns kümmerten. So hieß es für uns, entweder in

1. bis 3. Lebensjahr

die Krippe oder zur Tagesmutter zu gehen. Es war eine schwierige Entscheidung für unsere Eltern. Doch egal, welche sie trafen, zum Schluss waren wir zufrieden, sobald wir etwas zu spielen und zu essen bekamen.

Wir waren das größte Geschenk!

Promis von 2006:

Malia Baker
Die kanadische Schauspielerin wurde am 18. Dezember 2006 in Botswana geboren und wurde vor allem durch ihre Rolle als Mary-Anne in der Netflix-Serie „Der Babysitter-Club" bekannt. Doch kennt man Malia Baker auch von ihren unzähligen Gastrollen wie in „A Million Little Things" oder „The Flash".

McKenna Grace
Die US-Amerikanerin McKenna Grace, geboren am 25. Juni 2006, ist berühmt für ihre Schauspielerei. Doch auch als Sängerin und Synchronsprecherin hat sie es weit gebracht. McKenna Grace war an unzähligen Hollywood- und Fernsehproduktionen beteiligt. So spielte sie beispielsweise in dem Film „Begabt – die Gleichung eines Lebens" die junge Mary. Auch als Tonya im gleichnamigen Film ist Grace bekannt. Musikalisch gelang ihr 2021 der Durchbruch mit ihrer ersten Single „Haunted House".

Jacob Tremblay
Der kanadische Schauspieler wurde am 5. Oktober 2006 geboren und spielte in „Wonder" und „Raum" die Hauptrollen. Auch in kleineren Film- und Fernsehproduktionen ist er zu sehen, z. B. in der Produktion „Last Man on Earth".

Jentzen Ramirez
Ramirez, US-amerikanischer Schauspieler und Model, wurde am 8. August 2006 geboren und ist besonders durch seinen Auftritt bei „Star Wars" im Jahr 2016 bekannt geworden. Aber nicht nur die Schauspielerei, auch seine Kanäle auf YouTube und TikTok verschaffen ihm besonders viele Fans. So dreht er beispielsweise Videos mit Piper Rockelle.

David Almansa
David Almansa, geboren am 22. Januar 2006, ist ein erfolgreicher spanischer Motoradrennfahrer. So wechselte er seit 2022 bereits mehrmals die Mannschaft.

Jetzt bist du dran!

Das bin ich!

Hier ist Platz für ein Foto von dir als Baby.

Steckbrief

Mein Name:

Mein Geburtsdatum (und Uhrzeit):

Mein Geburtsort:

Mein Geburtsgewicht:

Meine Größe:

Mein Zuhause:

Meine Familie:

Meine ersten Male

Mein erster Zahn:

Mein erstes Krabbeln:

Meine ersten Worte:

Meine ersten Schritte:

1. bis 3. Lebensjahr

Unsere Kinderwelt

2009-2011

Eine Treckerfahrt ist lustig.

Kindergarten, eine neue Erfahrung

Mehrere Stunden von unseren Eltern getrennt zu sein, war neu für die meisten von uns. Einigen fiel das Alleinsein jedoch schwerer als anderen. Denn während ein paar von uns es kaum abwarten konnten, endlich in den Kindergarten gehen zu dürfen, bekamen andere allein bei dem Gedanken daran einen Heulanfall. Doch waren es nicht nur wir, die diesen Gefühlscocktail erlebten, auch unsere Eltern platzten fast vor Aufregung. Sie mussten sich nun mit dem Gedanken anfreunden, ihre Kinder in fremde Hände zu geben, nachdem sie die letzten drei Jahre doch fast durchgehend mit uns verbracht hatten. Und auch wenn der Anfang dieses neuen Kapitels vielleicht nicht bei jedermann wie geplant verlief, so lebten wir uns schnell in unserer neuen Umgebung ein.

Chronik

13. Januar 2009
Aufgrund eines Streits zwischen Moskau und Kiew um höhere Gaspreise kommt es zur Energieknappheit in zahlreichen osteuropäischen Ländern.

14. Januar 2009
Deutschland erlebt eine der schlimmsten Wirtschaftskrisen seit Jahrzehnten.

Frühjahr 2009
Weltweit breitet sich die Schweinegrippe aus und allein in Deutschland sterben daran 18 449 Menschen.

11. März 2009
Ein 17-Jähriger begeht einen Amoklauf in einer Realschule in Baden-Württemberg, er erschießt dabei 15 Menschen und im Anschluss sich selbst.

25. Juni 2009
Der King of Pop, Michael Jackson, stirbt an einer Überdosis Tabletten.

12. Januar 2010
Bei einem Erdbeben in Haiti kommen über 300 000 Menschen ums Leben, 1,5 Millionen werden obdachlos.

27. Januar 2010
Apple bringt das iPad auf den Markt.

29. Mai 2010
Die Deutsche Lena Meyer-Landrut gewinnt den Eurovision-Song-Contest mit dem Song „Satellite".

7. Juni 2011
Angela Merkel erhält als erste deutsche Frau die höchste zivile Auszeichnung der Vereinigten Staaten („Medal of Freedom").

11. September 2011
Auf dem Ground Zero wird eine Gedenkstätte für die rund 3000 Opfer der Terroranschläge vom 11. September 2001 eingeweiht.

11. März 2011
In Japan löst ein Erdbeben eine große Tsunamiwelle aus. Diese verursacht in einem Atomkraftwerk eine Kernschmelze in mehreren Reaktoren. Infolgedessen kommen ca. 18 000 Menschen ums Leben.

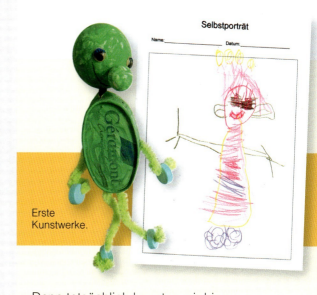

Erste Kunstwerke.

Denn tatsächlich konnten wir hier viel Spaß haben, auch wenn wir das unseren Eltern vorerst nicht glauben wollten. So viele neue Dinge und Spielsachen waren zu entdecken und nicht nur das. Wir lernten selbst Freunde zu finden, auch ohne die Hilfe unserer Eltern. Malen, Basteln und Turnen standen nun auf unserem Tagesprogramm. Doch waren wir keine Stubenhocker, wir wollten die Natur unsicher machen und so verbrachten wir viele Stunden in den Außenbereichen unseres Kindergartens. Dreck und schlechtes Wetter machten uns nichts aus. Im Gegenteil, durch Pfützen zu springen machte doch erst richtig Spaß.

Ausflüge in den Wald oder ins Schwimmbad mit der Kindergartengruppe waren Nervenkitzel pur für uns kleine Entdecker. Doch all das Herumtollen machte müde und vor allem hungrig und so brauchten auch wir mal eine Pause. Eine Auszeit, die für manch einen Erwachsenen nur einen Wimpernschlag bedeutete, denn es dauerte nicht lange und unsere Energie war

4. bis 6. Lebensjahr

wieder aufgeladen, um weiterzuspielen. Zumindest so lange, bis unsere Eltern kamen und wir ihnen in die Arme fallen konnten. Wir freuten uns auf zu Hause, aber genauso freuten wir uns auf den nächsten Tag im Kindergarten mit all den neuen Abenteuern, die dort auf uns warteten.

Wir brauchen Beschäftigung!

Wir waren in einem Alter, wo unsere Energie endlos zu sein schien. Wir brauchten Beschäftigung – und das ständig. Wir lernten schnell, was uns mehr und was uns weniger Spaß machte, und entwickelten langsam unsere ersten Interessen. Während einige es liebten, die Zimmerwände mit Bildern und Basteleien zuzukleistern, waren andere eher an Bewegung interessiert, sprangen lieber im Garten herum und fuhren Bobbycar. Es gab viele Aktivitäten für jeden und wir erlebten ständig etwas Neues.

Früh übt sich, was eine echte Ballerina werden will.

Das Backen und Kochen mit Oma und Opa stand dabei hoch im Kurs. Wir liebten es zu helfen, auch wenn unsere nett gemeinte Hilfe in den meisten Fällen in einem Chaos endete. Vor allem das Naschen kam hier nicht zu kurz. Wem jedoch das Kochen und Backen mit vorgegebenen Zutaten zu langweilig war, der verzog sich lieber in seine (Outdoor-)Kinderküche. Dort mutierten wir plötzlich zu Chefköchen und kreierten die außergewöhnlichsten und leckersten Gerichte aus Matsch, Blättern und Stöckchen. Zumindest für unsere imaginären Gäste.

Der Spielplatz war unser zweites Zuhause.

Aber nicht nur das Kochen hatte es uns angetan, auch das Springen auf dem Trampolin – das fast in jedem Garten zu finden war – mit Freunden war der Hit. Wir lernten unsere ersten Tricks und holten uns das ein oder andere Mal auch eine Beule.

Bei Ausflügen mit der Familie war für jeden von uns etwas dabei. Zum Beispiel fuhren unsere Eltern mit uns in Tierparks und Zoos.

So große Tiere zu sehen war erst einmal nicht jedem von uns geheuer, aber streicheln wollten wir sie trotzdem früher oder später. Die Streichelzoos boten dafür eine hervorragende Gelegenheit. Schwimmbäder und Indoorspielplätze wiederum boten jede Menge Gelegenheit zum Toben. Aber es musste nicht immer diese Art von Ausflügen sein, die bei uns für Abwechslung sorgte, manchmal reichte auch schon ein Besuch bei Oma und Opa aus, um uns zu beschäftigen. Doch am Ende war es zu Hause doch immer noch am schönsten mit all unseren Spielsachen.

Wir entscheiden, wo es lang geht

Auf unserem Laufrad waren wir mittlerweile schon ziemlich schnell unterwegs. Doch mit drei, vier Jahren wurde es uns zu langsam und zu klein. Ein richtiges Fahrrad musste her. Wenn man nicht eins von den älteren Geschwistern oder Freunden erbte, ging man mit seinen Eltern in ein Fahrradgeschäft, um das erste eigene Fahrrad zu kaufen. Es war nicht so einfach, das Passende zu finden. Entweder kam man hier nicht mit den Füßen auf den Boden oder der Lenker war zu weit vorne. Und natürlich nicht zu vergessen die Farbe! Man wollte schließlich auch cool aussehen, während man herumdüste.

Wir nehmen Fahrt auf!

Nachdem die erste Hürde geschafft war, kam man nun zur schwierigsten Aufgabe: dem Radfahren selbst. Wir würden lügen, wenn wir behaupten würden, dass das einfach war. Ganz im Gegenteil. Zwar gaben unsere Eltern uns am Anfang noch an den Schultern Halt, doch sobald sie diese losließen, war es auch schon passiert und man lag auf dem Asphalt. Manche hatten Glück und überstanden den Sturz ohne Weiteres, andere wiederum hatten offene Hände und Knie. Doch anstatt aufzugeben, unterstützen unsere Eltern uns, bis wir das Fahrradfahren perfekt beherrschten. Nun hatten wir es selbst in der Hand, wohin wir fuhren, und gehörten zu den Großen.

4. bis 6. Lebensjahr

Erdbeben in Haiti

Am 12. Januar 2010 erschütterte ein Erdbeben mit der Stärke 7,0 den Karibikstaat Haiti. Eines der ärmsten Länder der Welt war getroffen von einer Katastrophe, bei der 300 000 bis 400 000 Menschen ihr Leben lassen mussten. Hunderttausende wurden verletzt und fast 90 % der Häuser zerstört. Krankheiten wie Cholera machten sich aufgrund von Hygienemängeln breit. Ein halbes Jahr nach dem Beben wurde mit dem Wiederaufbau begonnen, welcher nur sehr schleppend vorankam. Hilfsgelder lagen lange Zeit auf Eis, denn die Regierung war nicht in der Lage, sie demokratisch zu verteilen.

Tanzen, spielen, toben – wir waren unermüdlich.

So viel Spielzeug

Spielzeuge konnten wir damals nicht genug haben, seien es die verschiedenen Sets von Playmobil oder eine Eisenbahn. Auch mit unseren Puppen und Kuscheltieren erschufen wir unsere eigenen kleinen Geschichten. Doch neben unserer ganzen Fantasie musste auch manchmal unsere motorische Neugierde gestillt werden. So liebten wir beispielsweise PlayMais – diese bunten Maiskügelchen, die mit Spucke aneinandergeklebt werden konnten –, mit dem wir selbst mit drei Jahren, zu kleinen Konstrukteuren wurden. Das Malen an Fenstern machte jedem von uns Spaß. Mit speziellen Fensterbild-Buntstiften war das möglich, denn danach konnten unsere Eltern unser Kunstwerk einfach wieder abwischen. Unsere Kreativität konnten wir auch mit Lego austoben. Wir erschufen außergewöhnliche Gebäude, bis hin zu Städten, Landschaften und Raumschiffen. Etwas, was natürlich in keinem Kinderzimmer fehlen durfte, war

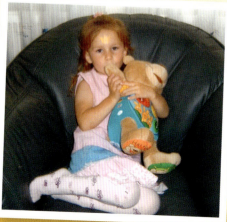

Die Ideen gingen uns nie aus.

der Spielzeugteppich. Die Fahrbahnen darauf waren für uns sehr reell und schon mal eine kleine Übung für die spätere Fahrschule.

Malen und basteln konnte man zu jeder Jahreszeit. Unsere Eltern hatten schon Platzmangel, so fleißig produzierten wir unsere Kunstwerke. Am Kühlschrank, im Flur und in den Kinderzimmern, überall hingen unsere selbst gemachten Gemälde. Manchmal war es zwar schwierig zu erkennen, was genau auf dem bemalten Papier zu sehen sein sollte, doch unseren Eltern war das egal, denn sie wussten, es kam vom Herzen.

Im Herbst hatte es Tradition, Figuren aus Kastanien zu basteln. Nachdem wir tatkräftig Kastanien gesammelt hatten, wurde zu Hause der Kreativität freien Lauf gelassen. Ob Giraffen oder Igel, es war immer ein Spaß. Und auch mit Knete haben wir viel gespielt. Am besten war es, wenn man spezielle Maschinen dafür besaß, sodass man seine eigenen Nudeln oder Eissorten kreieren konnte.

Manchmal wurden uns aber auch all die Spielzeuge zu langweilig und wir mussten ausweichen zu den Geschwistern. Wenn man sich mal nicht gerade stritt, wurden gerne Rollenspiele wie „Mutter, Vater, Kind" gespielt, und zwar so lange, bis einer seine Rolle nicht mehr toll fand und dagegen protestierte. Trost fanden wir immer bei unseren vielen Puppen und Kuscheltieren. Wir hatten alle mindestens unser halbes Bett mit unseren Stofffreunden voll, doch das störte uns keineswegs, denn schließlich hatten wir sie doch alle lieb.

Unsere Lieblingsserien

Das Fernsehen begleitete uns ebenso durch unsere Kindheit wie Handys, Tablets und PCs durch unsere Jugend. Es waren Kanäle wie KiKA, Super RTL und Nickelodeon, die unsere Kindheit enorm prägten. Wir liebten die Serien „Ein Land vor unserer Zeit" und „Coco der neugierige Affe". Die „Biene Maja" und „Der Sandmann", begleiteten uns abends ins Bett und „Bibi & Tina" und Co. halfen uns morgens beim Wach-Werden. Auch zum Fit-Werden gab es Filme, so begann unser Wochenende meist mit einer Runde Frühsport mit dem „Tanzalarm". Auch Klassiker wie „Heidi" oder „Wickie" waren sehr beliebt. Jeder entwickelte so seine ganz eigenen Vorlieben für Serien und Filme, doch waren es gerade die Märchengeschichten von „Simsalagrimm", die uns nicht mehr aus dem Kopf gingen, und so singen wir noch heute: „Ich nehme dich bei der Hand, zeig dir das Märchenland …"

Kinderschminken war immer angesagt.

Feste über Feste

Auf bestimmte Tage im Jahr freuten wir uns immer besonders. Im Frühling konnten wir endlich die Eier im Garten suchen, doch bevor das möglich war, mussten wir natürlich auch fleißig beim Färben mithelfen. Die Küche wurde zur Hilfswerkstatt des Osterhasen und gemeinsam mit unseren Eltern färbten wir die Eier in den verschiedensten Farben. Und wenn die Großen gerade mal nicht hinschauten, mischte man die Eier in den unterschiedlichen Farbschüsseln.

Auch der Winter war voller Feste. An Sankt Martin gab es für Kinder einen Umzug und wir konnten unserer Kreativität beim Laternen-Basteln freien Lauf lassen. Viele Lichter erhellten uns am Abend beim Umzug den Weg. Es entstand ein Gefühl von Zusammenhalt, wenn wir alle mit unseren Laternen unten auf den Straßen leuchteten.

Dann kam die Weihnachtszeit. Nicht nur, dass wir ab dem ersten Dezember jeden Tag ein Türchen von unserem Adventskalender öffnen durften, nein – auch unsere Schuhe wurden am Vorabend vom Nikolaustag brav geputzt und mit Milch und selbst gebackenen Keksen vor die Tür gestellt. Am nächsten Tag wachte man voller Aufregung früh auf, um nachzusehen, was der Nikolaus alles in den kleinen Stiefeln hinterlassen hatte. Von nun an war es nicht mehr allzu lange bis zum besten Tag des Jahres: Weihnachten! Sobald das letzte Türchen am Adventskalender geöffnet war, fingen die Vorbereitungen schon an. Die Eltern kümmerten sich um das große Festessen für den Abend und wir Kinder schauten meistens Weihnachtsfilme, damit die Zeit schneller vorbeiging. Am Abend zog man sich schick an, um zum Gottesdienst zu gehen. Manchmal spielte man sogar selbst beim Krippenspiel mit. Anschließend kam die ganze Verwandtschaft zu Besuch. Es wurde viel gelacht, geredet und gegessen. Dann hatte das Warten endlich ein Ende und die Bescherung konnte beginnen. Man rätselte, bevor man sein eigenes Päckchen aufmachte, ob es das war, was man auf den Wunschzetteln für den Weihnachtsmann gemalt oder mit Hilfe geschrieben hatte. Die neuen Spielzeuge wie Spielzeugautos oder sogar manchmal auch ein richtiges kleines Fahrzeug, z. B. ein Kettcar, aber auch Barbies oder Babyborn-Puppen, mussten natürlich direkt ausprobiert werden.

Nichts geht über Geschwisterliebe.

Verkleiden konnten wir uns zwar das ganze Jahr hindurch, doch nur einmal im Jahr taten es alle. Zu Fasching konnte man endlich das darstellen, was man schon immer sein wollte. Beim Faschingsumzug entdeckte man die lustigsten und originellsten Gestalten. Ob Piraten, Superhelden oder Prinzessinnen, eins war das Treiben auf jeden Fall: und zwar bunt. Das Beste daran war, wenn man mit einem ganzen Beutel voller Süßigkeiten nach Hause kam, welche man beim Umzug fleißig gesammelt hatte.

Unser großer Tag

Einmal im Jahr gehörte ein ganzer Tag nur uns allein: unser Geburtstag! Schon im Vorfeld machten wir uns Gedanken, was für eine Geburtstagsfeier wir veranstalten und wen wir alles einladen wollten. Dafür mussten erst mal fleißig Einladungskarten gebastelt werden. Diese passten natürlich zum Thema der

Beliebt beim Kindergeburtstag: das Apfelfischen.

Feier. Wir alle wollten doch entweder eine Piraten-, Feuerwehrmann- oder Prinzessinnen-Party feiern. Doch wenn es zur Verteilung der Einladungskarten kam, gab es meist ein Problem, und zwar die Anzahl der Gäste. Leider konnten wir nicht immer unseren ganzen Freundeskreis einladen, da dieser aus einer ganzen Menge Kindern bestand. Also mussten wir uns schweren Herzens für einige wenige entscheiden.

Am Abend zuvor waren wir so aufgeregt, dass wir kaum einschlafen konnten, und am Morgen unseres Geburtstages wachten wir natürlich viel früher auf als sonst. Aufgeregt, wie wir waren, rannten wir in das Schlafzimmer unserer Eltern, um sie aus dem Bett zu schmeißen und ihnen Bescheid zu geben, dass es an der Zeit war, die Geschenke auszupacken.

Doch dann mussten wir auch schon in den Kindergarten gehen, was jedoch nicht allzu schlimm war. Schließlich wurde dort im Stuhlkreis für uns „Happy Birthday" gesungen und oftmals hatte man von zu Hause auch was Selbstgebackenes mitgebracht.

Nach dem Kindergarten dauerte es nicht mehr lange, bis die Gäste kamen. Traditionell gab es natürlich erst mal Limo und Kuchen. Meist kamen zwei Arten von Kuchen auf den Tisch: ein selbst gebackener von Mama oder Oma und wenn man Glück hatte noch die beliebte Benjamin-Blümchen-Torte. Das war der Traum eines jeden Kindes. Die Geschenkeverteilung wurde selbstverständlich mit einem Spiel verknüpft und das war kein geringeres als Flaschendrehen. Danach gab es weitere Spiele und Wettbewerbe. Wir tauchten unsere Köpfe ins Wasser, um Äpfel mit dem Mund zu fangen, und auch ein spannender Eierlauf durfte nicht fehlen. Unsere Eltern hatten sich zudem alle Mühe gegeben, in der Umgebung eine Schnitzeljagd vorzubereiten. Unser Job war es dann, den ganzen Kreidepfeilen auf dem Boden zu folgen. Nachdem der Schatz geborgen war, hatten unsere kleinen Kinderbeine auch keine Kraft mehr, deswegen mussten wir uns erst mal stärken. Zum Abendessen gab es – wie wir Kinder es liebten – Pommes und Nuggets oder Würstchen. Nachdem der Tag sich dem Ende zuneigte, verabschiedete man seine Gäste, jedoch durften die kleinen Geschenktüten nicht fehlen, welche mit Schnucke und kleinen Spielzeugen gefüllt waren.

Jetzt bist du dran!

Reif für den Kindergarten!

Hier ist Platz für ein Foto von dir als Kindergartenkind.

Mein Kindergartenzeit

Mein Kindergarten:

Mein*e Erzieher*in:

Meine Freundinnen und Freunde:

Meine Lieblingsspiele und -spielzeuge:

Meine Lieblingsgeschichten:

Meine Heldinnen und Helden:

4. bis 6. Lebensjahr

Willkommen in der Realität

2012-2015

Wann kann ich endlich in die Tüte schauen?

Einschulung: der Ernst des Lebens beginnt

Gerade dem Kindergarten entwachsen, begann nun der Ernst des Lebens für uns. Zumindest scherzten unsere Eltern so. Doch während wir uns eigentlich darauf freuten, endlich in die Schule gehen zu dürfen, waren unsere Eltern wieder einmal kurz davor, die Nerven zu verlieren. Innerhalb weniger Wochen mussten sie sich um einen geeigneten Schulranzen, eine Schultüte samt Inhalt und diverse Schulmaterialien kümmern. Die Wahl des Schulranzens war dabei

Chronik

4. März 2012
Wladimir Putin wird zum Präsidenten von Russland gewählt. Das Ergebnis sorgt für Unruhen, bei Demonstrationen kommt es zu vielen Festnahmen.

18. März 2012
Auf Christian Wulff folgt Joachim Gauck als deutscher Bundespräsident.

12. Februar 2013
In Frankreich wird die Ehe homosexueller Paare legalisiert.

28. Februar 2013
Papst Benedikt XVI. tritt nach achtjährigem Pontifikat zurück. Sein Nachfolger wird der Argentinier Papst Franziskus.

29. Dezember 2013
Der Formel-1-Rennfahrer Michael Schumacher erleidet einen schweren Skiunfall in den französischen Alpen.

13. März 2014
Wegen Steuerhinterziehung wird der FC-Bayern-Präsident Uli Hoeneß zu dreieinhalb Jahre Haft verurteilt.

13. Juli 2014
Im Finale der WM 2014 gewinnt Deutschland gegen Argentinien und wird Weltmeister.

10. August 2014
Erdogan wird der erste vom Volk gewählte Präsident der Türkei.

18. April 2015
Ein Boot mit mehreren Geflüchteten sinkt vor der libyschen Küste. Es wird geschätzt, dass bei diesem Unglück rund 800 Menschen ums Leben kommen.

17. Juni 2015
Um die Einwanderung von Flüchtlingen zu verhindern, stellt die ungarische Regierung einen vier Meter hohen Metallzaun an der Grenze zu Serbien auf.

13. November 2015
In Paris begeht eine islamistische Terrorgruppe fast zeitgleich sechs Anschläge. Bei diesen Attentaten verlieren 130 Menschen ihr Leben.

Ranzen, Schultüte, Kuscheltier – alles passt zusammen.

so eine Sache, denn uns Kindern waren vor allem die Farbe, das Motiv und die Accessoires wichtig. Dass es dabei auch noch auf die geeignete Größe, genügend Platz und die Anzahl der Fächer ankam, war uns egal. Unseren Eltern nicht. Sie ließen sich beraten und schleppten uns in verschiedene Geschäfte, um den perfekten Rucksack zu finden.

Nach endlosen Wochen des Wartens war es dann für uns endlich so weit: Der Tag unserer Einschulung stand an. Kaum waren wir wach, brannten wir darauf, endlich an den Ort gehen zu dürfen, an dem die „Großen" auch waren. Wenn das Lieblingsshirt übergestreift war,

7. bis 10. Lebensjahr

unsere Kleider saßen und auch unsere Frisuren passten, waren wir schon fast bereit für die Schule. Aber auch nur fast, schließlich fehlte noch ein wichtiges Accessoire: unsere Schultüte. Süßigkeiten, Malbücher oder Stifte waren darin enthalten und sollten uns unseren neuen Lebensabschnitt ein wenig verschönern. Doch das Auspacken musste warten. Wir konnten ja unmöglich schon am ersten Tag zu spät zur Schule kommen.

Im Gottesdienst sahen wir dann auch endlich unsere Freunde wieder. Alle um uns herum waren mindestens genauso aufregt wie wir und zappelten hibbelig auf den Bänken herum. Es begleitete uns jedoch auch die Sorge, nicht mit unseren besten Freunden in eine Klasse zu kommen. Die älteren Schulkinder hatten zur Feier des Tages ein schönes Programm aus Liedern und kleinen Aufführungen für uns einstudiert. Danach war es an der Zeit, unsere Lehrer, unsere neue Klasse und das Schulgebäude kennenzulernen. Wir wollten am liebsten sofort alles erkunden. Da machten unsere Eltern uns jedoch einen Strich durch die Rechnung, denn jetzt war erst einmal „Foto-Time". Sowohl unsere Eltern als auch die anderen Gäste machten unendlich viele Bilder von uns. Aber was tut man nicht alles für schöne Erinnerungen! Unsere Eltern waren im Gegensatz zu uns ein wenig wehmütig und verdrückten die ein oder andere Träne darüber, dass ihre Sprösslinge nun dem Erwachsensein einen Schritt näher waren. So oder so endete der Tag der Einschulung bei vielen von uns mit einem Haufen an Süßigkeiten und einer Menge Erzählstoff.

Die Grundschule: Spaß oder Anstrengung?

Der Beginn unserer Grundschulzeit war auch der Beginn einer Zeit, in der wir lernen mussten, dass es neben dem Spielen noch andere Dinge gab, die wichtig für das Leben waren. Das Lesen,

Lesen, schreiben, rechnen.

Schreiben und Rechnen standen dabei an erster Stelle. Was spielerisch anfing, entwickelte sich schnell zur echten Herausforderung. Plötzlich sollten aus den eben erst erlernten Buchstaben ganze Wörter entstehen, und aus einfachen

Wir waren (meistens) voll bei der Sache.

Zahlen wurden knifflige Rechenaufgaben. Schnell stellte sich heraus, wo unsere Stärken und Schwächen lagen. Sowohl unsere Lehrer als auch unsere Eltern unterstützten uns tatkräftig beim Üben. Und so wurden wir Stück für Stück immer besser.

Neben dem Lesen, Schreiben und Rechnen hatten wir auch Fächer wie Sachunterricht, Musik, Kunst und Sport. Der Sachunterricht war dabei besonders spannend, denn hier lernten wir sowohl Pflanzen und Tiere als auch den menschlichen Körper besser kennen, was besonders in der dritten Klasse mit dem Sexualunterricht vertieft wurde. Doch nicht nur der Sexualunterricht ließ uns alle manchmal kichern, auch als unsere Lehrer plötzlich mit der neuen Sprache Englisch um die Ecke kamen, war das Gelächter groß. Es hörte sich falsch für unsere Ohren an. Trotzdem gaben wir der Sprache eine Chance. Mit Erfolg, denn schon nach ein paar Stunden Unterricht konnten wir bis zehn zählen und sagen, wie wir heißen. Das mussten wir natürlich voller Stolz auch unseren Eltern präsentieren. Apropos präsentieren: Mit dem Fach Kunst war das so eine Sache. Die einen liebten es, während die anderen am liebsten den Pinsel weggeschmissen hätten. Unsere Klamotten blieben dabei nicht immer verschont und so entstanden trotz Kittel immer mal wieder Flecken auf unserer Kleidung. Nach so viel Stillsitzen war es auch mal an der Zeit, sich richtig auszupowern. Der Sportunterricht war dafür genau richtig. Wir spielten Spiele wie „Karotten ziehen" oder übten den Purzelbaum. Auch das Schwimmen in der dritten Klasse gab uns die Möglichkeit, unsere Energie rauszulassen und vielleicht ein Schwimmabzeichen zu meistern.

So schön die Schule auch war, die Hausaufgaben waren definitiv das Nervigste am Schulalltag. Es reichte nicht, dass wir lernten, nein, auch am Nachmittag mussten wir uns noch einmal mit dem Schulstoff auseinandersetzen. Doch es half nichts, schließlich konnten wir unsere Hausaufgaben ja nicht einfach aus unserem Hausaufgabenheft wegradieren.

7. bis 10. Lebensjahr

Da war die Freude über das Zeugnis noch groß.

Zeugnisse: das Papier mit unseren Geheimnissen

Zeugnisse konnten Grund zur Freude, aber auch zur Sorge sein. Denn auch wenn Zeugnisse bedeuteten, dass es Ferien gab, so ängstigten sie den ein oder anderen unter uns auch ganz schön. Meist ab der zweiten Klasse bekamen wir richtige Noten auf unserem Zeugnis vermerkt, die nicht immer zur Freude von uns oder unseren Eltern waren. Die Enttäuschung war aber meist gepaart mit dem Willen, es im nächsten Jahr oder Halbjahr besser zu machen. Es war für manche ein Ansporn und für andere eine Bestätigung. Das Gute war: Es gab immer irgendjemanden, der stolz auf uns war. So waren es auch meist die Großeltern, die uns mal eben für unsere gute Leistung etwas Geld zusteckten. Doch egal wie unsere Zeugnisse während der Schulzeit ausfielen, das letzte Zeugnis unserer Grundschulzeit war das traurigste, denn da hieß es Abschied nehmen.

WM 2014

Die Fußball-Weltmeisterschaft 2014 war ein Highlight im diesjährigen Sommer. Sie fand in Brasilien statt. Das versprach hohe Temperaturen, doch Jogi Löws Jungs ließen sich davon nicht unterkriegen. Von Runde zu Runde spielten sie sich bis ins Finale, wo sie auf Argentinien trafen. Am 13. Juli 2014 kochte die Stimmung im Maracana-Stadion in Rio de Janeiro. Bis weit in die Nachspielzeit sah es nicht gut aus, keine der beiden Mannschaften konnte ein Tor erzielen. Es schien, als könne dieser Titel nur durch ein Elfmeterschießen entschieden werden. Doch in der 113. Minute, sieben Minuten vor Abpfiff der Verlängerung, geschah es: Mario Götze beförderte den Ball mit dem linken Fuß ins gegnerische Tor. Dieser Schuss war der entscheidende für unsere Mannschaft. Es war das Tor zum Sieg der WM 2014. Noch heute hat man die Stimme des Kommentators im Ohr: „Mach ihn. Mach ihn. Er macht ihn. Mario Götze!"

Das kleine Finale um Platz drei und vier entschieden die Niederlande für sich, sodass Gastgeber Brasilien mit dem vierten Platz medaillenlos blieb.

Klassenausflüge sind das Beste an der Schule.

Klassenausflüge: das erste Mal ohne Eltern

Klassenausflüge und Klassenfahrten waren die schönsten Tage mit den aufregendsten Erlebnissen in der Grundschulzeit. Egal, ob es einfache Ausflüge z. B. in den Tierpark oder zur Feuerwehr waren, sie waren für uns immer Abenteuer voller Spaß und neuer Entdeckungen. Meist passten unsere Lehrer die Ausflüge einer Unterrichtseinheit an und behandelten das Thema im Vorhinein. Uns interessierte jedoch vor allem die Realität. So war es das Größte, wenn man beim Besuch der Feuerwehr sogar einmal im Feuerwehrauto sitzen durfte.

So schön die Ausflüge auch waren, sie endeten für unseren Geschmack immer viel zu früh. Deswegen war unsere erste dreitägige Klassenfahrt für die meisten ein Highlight. Während der Großteil sich freute und es kaum mehr erwarten konnte, hatten manche schon vor Antritt der Reise Heimweh und konnten es sich nicht vorstellen, ohne ihre Eltern zu verreisen. Ja, das Heimweh war schon ziemlich heimtückisch. Es verfolgte uns mit auf Klassenfahrt, da half auch unser Lieblingskuscheltier von zu Hause und das vorgegaukelte Medikament gegen Heimweh von unseren Lehrern nicht immer. Und so kam es, dass es manche von uns nicht aushielten und im Laufe der drei Nächte abgeholt werden mussten. Unsere Herberge war meist nicht mehr als eine Stunde von zu Hause entfernt, damit Eltern es nicht allzu schwer hatten. Wir schliefen in Jugendherbergen oder Burgen, wo gern das Thema Ritterzeit behandelt wurde, inklusive Burg-Rallyes und Ritterschlag. Das Beste während unseres Aufenthalts war jedoch nicht das ausgefüllte Tagesprogramm. Nein, es war der Disco-Abend, der meistens am letzten Abend stattfand. Unsere Lehrer drehten die Musik auf und wir konnten hüpfen und tanzen – bis alle müde in ihre Betten fielen.

Führerschein bestanden!

Aufgepasst im Straßenverkehr!

Seitdem wir die Grundschule besuchten, lernten wir viele neue Dinge kennen, darunter selbstverständlich auch neue Spiel- und Fahrgeräte. Jeder von uns wartete während des Unterrichts sehnlichst darauf, dass die Schulglocke läutete, damit man, so schnell es ging, zur Pausenverleihe rennen konnte. Wenn wir Glück hatten, erwischten wir ein Gokart oder auch zwei. Dann verwandelte sich der Schulhof in eine Rennstrecke. Vor allem die Mädchen wollten eine Sache aus dem Verleih-Schuppen unbedingt haben: die Pferdekutsche, bei der sich hinten in den kleinen Anhänger bis zu zwei Personen setzen konnten. Für das andere Kind hieß es, das Pferd zu spielen und die Kutsche zu ziehen. Oder wir spielten alle zusammen „Olliball" und kletterten auf den Gerüsten herum.

    Auch in unserer Freizeit waren wir am liebsten auf Rollen und Rädern unterwegs. Dazu zählten natürlich Inlineskates und Rollschuhe. Am Anfang war es nicht so einfach, doch nachdem wir unzählige Male hingefallen waren, hatten wir den Dreh raus und waren kaum mehr aufzuhalten. Ebenfalls durften die verschiedenen Boards nicht fehlen. Jeder hatte entweder ein Skateboard oder ein Waveboard bei sich zu Hause. Bis man herausgefunden hatte, wie man sich mit dem Waveboard in Bewegung setzen konnte, dauerte es eine Weile. Jedoch halfen wir uns gegenseitig und konnten bald perfekt damit durch die Straße schlingern.

Nachdem man entweder im Kindergarten oder zu Beginn der Grundschulzeit das Fahrradfahren gelernt hatte, stand in der dritten Klasse der Fahrradführerschein auf dem Plan, damit wir auch sicher im Straßenverkehr unterwegs waren. Wir lernten, was die Straßenverkehrsordnung alles beinhaltet, und mussten nach mehreren Übungsstunden die Prüfung auf abgesperrter Straße oder einem eigens dafür eingerichteten Übungsplatz absolvieren. Wer es geschafft hatte, durfte ab diesem Tag wie die Großen auf der Straße fahren.

Terroranschläge in Paris

In der Nacht vom Freitag, dem 13. November 2015, wurden an gleich fünf Orten in Paris Terroranschläge verübt. Am Stade de France detonierten zwei Sprengsätze. Der Anschlag soll laut Ermittlern jedoch im Innern des Stadions geplant gewesen sein, in dem gerade das Länderspiel Deutschland gegen Frankreich ausgetragen wurde. Anschließend schossen Attentäter wahllos auf Zivilisten in der Umgebung. In der Konzerthalle Bataclan töteten die Attentäter während eines Konzerts viele Besucher und sprengten sich selbst in die Luft.

Drahtzieher der Anschläge war die Terrororganisation „Islamischer Staat". Die verheerende Bilanz: 130 Tote und 350 Verletzte.

Ist Freundschaft kündbar?

Neue Freunde zu finden war für uns kein Problem. Wenn z. B. der Sitzpartner auch Pokémonkarten sammelte oder gerne „Violetta" schaute, war es der Jackpot. Während unserer ganzen Zeit in der Grundschule fanden wir so eine Menge neuer Freunde, mit denen wir unsere Pausen, aber auch Zeit nach der Schule verbrachten. Wer nachmittags in der Betreuung blieb, konnte auch dort noch mit seinen Freunden spielen.

Die andere Option war, dass wir nach der Schule zu unseren Freunden nach Hause gingen. Dort erkundeten wir deren Zimmer. Nach dem Mittagessen wurde erst einmal eine Runde gespielt. Wir wurden zu Chefköchen und tischten ganze Menüs auf. Auch eine Modenschau mit Accessoires aus unserer Verkleidungskiste stand hoch im Kurs. Playmobil, Barbie und Lego war ebenfalls nicht zu vergessen, denn schließlich bestand unser komplettes Zimmer aus den kleinen, zusammengewürfelten Bausteinen, was unsere Eltern das ein oder andere Mal zur Verzweiflung trieb. Entweder wegen des Chaos' oder weil sie versehentlich auf eines dieser Teile drauftraten.

Draußen konnten wir mit Straßenmalkreide Steine dekorieren, dann kamen meist die Nachbarskinder dazu. Mit ihnen war auch das Fußballspielen im Garten viel lustiger und so mutierte der ein oder andere schon im Alter von neun Jahren zu einer kleinen Version von Cristiano Ronaldo. Beim Klettern an Kletterstangen entwickelten wir neue Talente und konnten uns an den Stangen entlanghangeln und -schwingen, als hätten wir noch nie etwas anderes gemacht.

Allerdings verlief das Zusammenspielen nicht immer harmonisch. Wir stritten oft wegen der kleinsten Dinge, die uns riesig erschienen. „Ich kündige die Freundschaft" oder „Du bist nicht mehr mein Freund" waren dabei wohl die häufigsten Sprüche, die wir uns an den Kopf warfen. Natürlich kündigten wir nie wirklich die Freundschaft, aber manchmal benötigte es den Klassenrat oder unsere Lehrer, um Streit zu schlichten. Meist vertrugen wir uns doch schnell wieder und konnten weiterspielen.

Beste Freunde!

Die einen so …

Sport und Sammelleidenschaft

Die meisten unserer Hobbys entwickelten wir in der Grundschulzeit. Wir schnupperten meistens dort hinein, wo unsere älteren Geschwister oder Freunde schon waren.

Wenn man seinen Eltern sagte, dass man gerne Fußball spielen wollte, war besonders der Vater Feuer und Flamme und wollte anfangen mit uns zu üben. Schnell wurden wir im Verein angemeldet. Ab nun an hieß es ein- bis zweimal pro Woche trainieren und manchmal kamen noch Spiele oder Wettkämpfe am Wochenende hinzu. Auch Handball, Leichtathletik, Turnen und Tanzen wurden ausprobiert. Wenn man feststellte, dass das eine nichts für einen war, wurde eben schnell gewechselt.

… die anderen so.

7. bis 10. Lebensjahr

Wir hatten auch großen Spaß daran Sticker zu sammeln. Vor allem die Aktionen von Supermärkten waren bei uns beliebt. Auf dem Schulhof wurde dann mit den Karten „gedealt", also gefeilscht und getauscht. Meistens sammelten wir Sticker von Fußballspielern oder von Tieren. Natürlich hatten wir auch Sammelhefte für Pokémonkarten. Am meisten freuten wir uns, wenn wir nach langem Warten endlich eine Premium-Glitzerkarte ergattert hatten.

Unser Heiligtum: der Nintendo

Nachdem wir es schon bei unseren Freunden gesehen hatten und uns nichts sehnlicher wünschten, hatten viele von uns eines Tages – zu Weihnachten oder zum Geburtstag – das Glück auf ihrer Seite: Wir bekamen einen Nintendo DS von unseren Eltern geschenkt. Darauf spielten wir unzählige Spiele, wie „Mario Kart" und „Pokémon" oder wir mussten uns bei „Nintendogs" um unsere virtuellen Hunde kümmern, damit sie nicht verhungerten.

Wenn unsere Eltern besonders spendabel waren, bekamen wir sogar eine neue Version von diesem Gerät wie den Nintendo 3DS. Das hieß, dass wir plötzlich unsere eigenen Videos damit drehen oder sogar unsere Gesangversuche dokumentieren konnten. Im Nachhinein sind das etwas peinliche Erinnerungen, denn eine schöne Stimme hatten wir darauf nicht unbedingt – auch wenn wir überzeugt waren, später einmal Sänger zu werden.

Natürlich erlaubten unsere Eltern uns nicht, bis spät in die Nacht an diesen Geräten zu spielen. Dies führte dazu, dass wir unseren Nintendo wieder herausholten, sobald unsere Eltern dachten wir würden schlafen. Wenn noch mal jemand ins Zimmer kam, versteckten wir schnell unser Heiligtum unter dem Kopfkissen. Doch meistens haben das Licht des Displays oder die leise Musik uns verraten.

Den gaben wir nicht mehr her: Nintendo DS.

Wir haben die Macht übers Geld

Als Schulkinder waren wir alt genug, um eigenes Taschengeld zu bekommen. Von nun an bekamen wir von unseren Eltern ein paar Euro pro Woche. Diese mussten wir uns gut einteilen, damit wir nicht Mitte der Woche schon leer dastanden. Entweder sparten wir das Geld brav in unserer Spardose oder wir gaben es am Kiosk um die Ecke aus. Nach der Schule wurden dann meistens Center Shock, Brausepulver oder Kaugummizigaretten davon gekauft. Und natürlich die heiß begehrten Sammelbilder fürs Stickeralbum.

Unsere Eltern waren zwar nicht immer ganz so begeistert von dem, wofür wir unser Geld ausgaben, doch wir fühlten uns damit wie die Erwachsenen, nur dass wir nicht wussten, dass diese um einiges mehr auf ihren Konten hatten. Auch unsere Großeltern steckten uns gerne mal heimlich einen Geldschein zu und flüsterten uns zu, dass wir nichts unseren Eltern verraten sollten. Natürlich taten wir das nie, da wir unsere Geldquelle nicht gefährden wollten. Doch spätestens, wenn dieses Geld zum Vorschein kam, wussten unsere Eltern, wer da schon wieder seine Geldbeutel entleert hatte.

Auch ein Idol: Mario Kart.

Unsere Idole

Manche von uns waren ganz schön faul, was das Lesen von Büchern anging, andere wiederum waren echte Leseratten. Doch alle hatten wir unsere Lieblingsprotagonisten. Die Bücher im Tagebuchstyle waren unsere klaren Favoriten: „Gregs Tagebuch", „Lotta-Leben" und „Dork Diaries" durften in keinem Bücher-

Jede Menge Lesestoff.

regal fehlen. Sie spornten uns dazu an, einmal selbst so ein Tagebuch zu schreiben, doch leider gaben wir nach den ersten paar Seiten schon wieder auf.

Noch lieber sahen wir uns TV-Serien an, da hatten wir eindeutige Favoriten. Auf Disney Channel wurde abends immer fleißig „Violetta" oder „Soy Luna" geschaut. Von einem Tag auf dem anderen wurde der Lebensstil von den beiden auch unser Stil. Wir sangen spanische Lieder, jedoch ohne zu wissen, was die Texte bedeuteten. Eine allseits beliebte Serie, von der unsere Eltern weniger begeistert waren, war „Angelo". Doch auch Sendungen wie „Mia and Me", „Sally Bollywood", „Lazy Town", „H2O" etc. durften in unserem Programm nach der Schule nicht fehlen.

Flüchtlingskrise

Während der Flüchtlingskrise 2015 kamen über eine Millionen Menschen nach Deutschland, um Schutz zu suchen. Auch in anderen europäischen Ländern suchten Migranten Obhut. Der Höhepunkt der Flüchtlingskrise war im Herbst 2015 mit etwa 890 000 Schutzsuchenden in Deutschland erreicht. Gründe für die Migration waren vor allem der Bürgerkrieg in Syrien, aber auch Kriege, Krisen, Armut und Verfolgung in anderen Ländern wie dem Irak, Afghanistan und Eritrea.

Durch den großen Zustrom an Geflüchteten brandete schnell eine öffentliche Debatte in Bezug auf den Umgang mit den Migranten auf. Kanzlerin Angela Merkel hatte – gegen viele Widerstände auch in ihrer Partei – die Devise ausgegeben „Wir schaffen das". Es entstand einerseits eine neue Willkommenskultur und viele Menschen engagierten sich für die Geflüchteten, andererseits machten sich auch Hetze und Rassismus breit.

Jetzt bist du dran!

Endlich Schulkind!

Hier ist Platz für ein Foto von deiner Einschulung.

Meine Grundschulzeit

Mein Schulranzen:

Meine Grundschule:

Meine Klasse:

Mein*e Klassenlehrer*in:

Mein Lieblingsfach:

Mein*e Lieblingslehrer*in:

Meine Schulfreunde*innen:

7. bis 10. Lebensjahr

Pubertät voraus

2016–2019

Wir kommen in die große Schule

Schon wieder waren wir die Neuen und fremd für die Kids um uns herum, so wie sie für uns fremd waren. Wir kannten weder ihre Namen, noch kannten sie unsere und so nannten uns die älteren Schüler „Fruchtzwerge" oder zogen uns mit anderen herablassenden Spitznamen auf. Deprimierend war der Schulwechsel jedoch nicht wirklich, schließlich bot unsere neue Schule uns viel mehr Möglichkeiten an, ob es neue Fächer oder neue Angebote für den Nachmittag waren. Auch Freunde zu finden war für uns nicht besonders schwer, schließlich kamen wir in eine Klasse voller Neulinge. Mit dieser Klasse würden wir mindestens die nächsten fünf Jahre verbringen.

Neue Fächer wie Biologie, Geschichte und Erdkunde, Französisch, Spanisch oder Latein begleiteten uns jetzt im Schulalltag und ließen den ein oder ande-

Chronik

7. März 2016
Der FC Bayern München wird als erste Bundesligamannschaft zum vierten Mal hintereinander Deutscher Fußballmeister.

3. Juni 2016
Der weltbekannte Box-Weltmeister Muhammad Ali verstirbt im Alter von 74 Jahren.

23. Juni 2016
In Großbritannien stimmen die Wähler für den Austritt aus der EU.

19. Dezember 2016
Bei einem islamistischen Anschlag auf einen Berliner Weihnachtsmarkt sterben 13 Menschen.

19. Januar 2017
Schmerzpatienten dürfen fortan Cannabis legal als Medizin verschrieben bekommen.

7. April 2017
Ein Attentäter fährt mit einem gestohlenen Wagen in eine Fußgängerzone in Stockholm und tötet fünf Menschen.

1. Oktober 2017
Mit dem Gesetz der „Ehe für alle" haben gleichgeschlechtliche Paare in Deutschland das Recht auf Eheschließung.

20. August 2018
Greta Thunberg protestiert das erste Mal vor dem schwedischen Reichstag für eine bessere Klimapolitik, anstatt in die Schule zu gehen. Das ist der Beginn von Fridays for Future.

17. November 2018
Rund 300 000 Menschen demonstrieren in Frankreich für bessere Arbeitsbedingungen und gegen eine Steuererhöhung.

15. April 2019
Die berühmte Kathedrale Notre Dame in Paris geht in Flammen auf. Für den Wiederaufbau werden weltweit Spenden gesammelt.

Ende 2019
Covid-19 kommt in China zum Ausbruch und löst eine weltweite Pandemie aus.

Wieder die Kleinen auf dem Schulhof.

ren verzweifeln. Dagegen waren Fächer wie Kochen oder Nähen eine schöne Abwechslung in dem stressigen Schulalltag und machten uns dazu auch noch Spaß. Egal wie schwer uns der Neubeginn fiel, wir lebten uns irgendwann ein. Natürlich waren die Hausaufgaben immer noch zu viel, aber es führte kein Weg daran vorbei. Neu war auch der Klassenrat. Dort wurden die kleinsten Streitereien, aber auch die größeren Probleme wie Schlägereien geklärt. Mobbing war leider keine Seltenheit. So litten einige unter uns unter den gemeinen Worten oder Taten der anderen Kinder. Zum Glück gab es Freunde, Lehrer und Schulsozialarbeiter, welche uns immer versuchten zu unterstützen, egal in welcher Lage wir waren.

11. bis 14. Lebensjahr

Fidged Spinner, ein Must-have

Ende 2016 kam ein neuer Trend auf: der Fidged Spinner. Er wurde zum absoluten Must-have. Das coole drehende Teil, welches man zwischen zwei Fingern oder sogar auf einem Finger balancieren konnte, faszinierte uns Kids. Der Hype war so groß, dass Lieferengpässe garantiert waren. Kinder nutzten den Fidget Spinner überall und ließen das bunte kleine Ding gar nicht mehr los.

Was eigentlich als Beruhigungsspielzeug gedacht war, entwickelte sich schnell zu mehr. Ganze Challenges wurden veranstaltet und Schulen fühlten sich schon bald gezwungen, den Handkreisel zu verbieten.

Urlaub mit der Klasse

In der neuen Schule ging es gleich im fünften Schuljahr auf Klassenfahrt, damit sich alle besser kennenlernten. Schließlich waren wir ein neu und bunt zusammengewürfelter Haufen Zehn- bis Elfjähriger, die sich überwiegend noch nicht kannten. Auf diesem Ausflug wurden viele Spiele für die Gewinnung von Zusammenhalt und gegenseitigem Vertrauen gemacht. So wurden wir immer mehr zu einer Gemeinschaft.

Die erste gemeinsame Klassenfahrt führte meistens nicht besonders weit weg. Das hieß, wir blieben im eigenen Bundesland. In andere Länder ging es ab der achten Klasse, da hatten einige von uns das Glück, z. B. nach England fahren zu können, um die Sprache besser zu erlernen. Wer Französisch oder Spanisch als zweite Fremdsprache hatte, konnte in der Mittelstufe auch an einem Schüleraustausch teilnehmen. Wir reisten z. B. nach Frankreich oder Spanien, wo wir in der Familie unseres Austauschpartners lebten, und die Austauschschüler kamen im Gegenzug zu uns. Diese Aufenthalte halfen uns, die komplizierte Sprache und die schwierige Aussprache besser zu beherrschen und besonders die andere Kultur kennenzulernen.

Mit dem Schüleraustausch nach Paris, wer wollte da nicht mit?

Donald Trump

Nach der achtjährigen Präsidentschaft des Demokraten Barack Obama gewann am 8. November 2016 der Republikaner Donald Trump die Präsidentschaftswahlen in den USA. Seine Gegnerin war die Demokratin Hillary Clinton, Gattin des früheren US-Präsidenten Bill Clinton. Es war ein Kopf-an-Kopf-Rennen. Zwar lag Clinton bei der Anzahl der Wahlstimmen (popular votes) vorne, aber Trump konnte die meisten Wahlleute (electoral votes) für sich gewinnen.

Der Wahlausgang sorgte weltweit für Diskussionen und abwertende Reaktionen bis hin zu Entsetzen. Trump war schon vor der Wahl negativ aufgefallen, zum Beispiel durch rassistische und sexistische Aussagen. Mit seinem Slogan „Make America great again" und seiner „America-first"-Haltung signalisierte er früh, eine nationalistische Politik zu verfolgen.

Viele Menschen gingen auf die Straße, um unter dem Motto „Not my president" gegen den neuen Präsidenten zu protestieren. Sie wollten zeigen, wie wichtig ihnen die demokratischen Werte ihres Landes sind. Von vielen Populisten hingegen wie der AfD wurde Trumps Sieg gefeiert. Seine Präsidentschaft dauerte eine Legislaturperiode, in der er aus vielen internationalen Abkommen austrat, wie dem Pariser Klimaabkommen, Rüstungs- und Handelsabkommen.

„Ich bin kein Kind mehr!"

Mit 12, 13 Jahren kam das, was irgendwann kommen musste: die Pubertät. Was für uns schwer war, war für unsere Eltern noch einmal schlimmer, denn plötzlich wurden ihre lieben kleinen Kinder zu genervten und nervenden Teenagern, die alles peinlich fanden. Alles an uns veränderte sich, angefangen von unseren Körpern. Die Jungs bekamen eine tiefere Stimme oder hatten auf dem Weg dahin erst mal ganz viele „Voicecracks", breite Kreuze und mehr Behaarung. Auch die Mädchen bekamen mehr Körperbehaarung und weibliche Formen. Manch einer hatte mit Pickeln zu kämpfen. All das war völlig normal, aber trotzdem waren wir nicht richtig darauf vorbereitet. Manche kamen früher in die Pubertät als andere und bei jedem wirkte es sich anders aus. Eins war jedoch gleich, wir veränderten uns und mit unseren Körpern auch unsere Persönlichkeiten. Wir wurden reifer, erwachsener, auch wenn wir das nicht bei jedem sofort bemerkten. Wir entwickelten andere Interessen. Die eigene Familie war uns plötzlich peinlich. Vielmehr wollten wir jetzt mit unseren Freunden abhängen.

Wir fühlten uns schon ziemlich erwachsen.

Unsere Spielzeuge zogen langsam, aber sicher aus unseren Zimmern aus und suchten auf Flohmärkten nach einem neuen Zuhause. Das Geld, das wir mit dem Verkauf verdienten, nutzen wir für Klamotten oder um uns unseren Traum vom eigenen Handy zu erfüllen. Apropos Klamotten, wir wollten unsere Klamotten jetzt selbst kaufen, auch wenn unsere Oma sich erst an den Gedanken gewöhnen musste, dass Ernsting's family nicht mehr der richtige Laden für uns war. Wir hatten Spaß daran, unseren eigenen Style zu finden und unser Aussehen zu verändern. So kauften wir Teddy-Jacken und Skinny Jeans. Dabei war es egal, ob Junge oder Mädchen, hautenge Jeans, vor allem mit Löchern, kombiniert mit Vans waren für jeden von uns ein Must-have. Der Justin-Bieber-Look war bei den Jungs ein beliebter Style, was Frisur und Klamotten betraf. Wir Mädchen liebten Space Buns, eine neue Form der Micky-Maus-Ohren, genauso wie unsere metallic schimmernden Bomber-Jacken. Nicht nur unsere Eltern mussten sich mit unseren ständigen Stimmungsschwankungen abfinden, worin gerade die Mädchen zur Höchstform ausliefen. Auch Streitigkeiten gab es nun fast täglich, egal ob mit unseren Eltern oder mit Freunden. Unsere erste Liebe und das ständige (Nicht-)Aufräumen des Zimmers waren dabei nicht selten Thema. Wir waren zu beschäftigt, uns um solche Nichtigkeiten zu kümmern. Auch wenn es nur Pickel waren, die uns hysterisch werden ließen.

Freunde: das Wichtigste in unserem Leben

Unsere Freunde waren wie der Anker, der uns im Leben hielt. Egal ob wir stritten oder traurig waren, sie waren für uns da. So innig waren unsere Freundschaften zuvor nicht gewesen. Doch je älter wir wurden, desto mehr bemerkten wir, welch hohen Stellenwert sie für uns hatten. Fast jeder hatte jetzt eine

Clique, zu der er gehörte. Natürlich war die Zeit des Spielens längst vorbei und so trafen wir uns an unseren „Plätzen", um Musik zu hören oder zu reden. Zu bereden gab es immer viel, denn die erste Liebe ließ nicht lange auf sich warten. Mithilfe von Kettenbriefen und Freunden fanden wir heraus, wie sehr unser „Crush" uns mochte.

Wenn alle wichtigen Gesprächsthemen abgearbeitet waren, gingen wir dazu über Fotos zu machen. Die Snapchat-Filter nutzten wir dabei am liebsten. Wer wollte schließlich nicht ein Hund mit ausgestreckter Zunge sein, sich in eine andere Person verwandeln oder sich als Hippie sehen. Wenn alle Filter ausprobiert waren, kam die nächste App zum Einsatz: Musical.ly. Die Lipsing-App, die später zu TikTok wurde, war unser Leben. Zu Liedern wie „No Money" performten wir vor der Kamera, das Peace-Zeichen am Ende durfte natürlich auch nicht fehlen. Auch die Jungs benutzten Apps wie YouTube oder Instagram. Wir waren so überzeugt davon, irgendwann als Influencer berühmt zu werden, dass wir sogar selbst YouTube-Videos drehten und unseren Freunden oder Familienmitgliedern zuschickten. Es waren vor allem solche wie die Center-Shock-Challenge, die wir auf unseren Videos festhielten. Bei dieser Challenge ging es darum, wer mehr Center-Shocks in seinen Mund bekam, ohne die sauren Bonbons zu zerbeißen. Die sinnlose Challenge war für den Gewinner ein Highlight des Tages und kam bei den „Fans" und Followern gut an.

Mit Snapchat-Filtern wurden unsere Bilder noch schöner.

Influencer wie BibisBeautyPalace, DagiBee und JulienBam begeisterten uns mit ihren kreativen Videos. Wenn man Glück hatte, durfte man auch ab und zu auf der Spielkonsole der älteren Geschwister spielen. Auf einmal wurden wir zum Golfprofi und bei JustDance zeigten wir unsere Tanztalente.

Mit der ABF teilen wir sogar unser Popcorn.

11. bis 14. Lebensjahr

Fridays for Future

Seit 2018 sorgt die Bewegung Fridays for Future für eine Menge Wirbel in der Politik, in der Gesellschaft, in den Schulen und in der Medienwelt. Es handelt sich um Protestaktionen in erster Linie von Schülern und Schülerinnen, die sich für den Klimaschutz einsetzen. Wie der Name schon sagt, fanden diese Protestaktionen freitags statt, und zwar während der Unterrichtszeit. Angefangen hat alles mit der schwedischen Schülerin Greta Thunberg, die erstmalig am 20. August 2018 in den Schulstreik trat und vor dem Parlament in Stockholm für eine bessere Klimapolitik demonstrierte. Ihr Beispiel machte Schule und es entwickelte sich daraus die weltweite Jugendbewegung Fridays for Future.

Um wirklich etwas zu bewirken, streikten Schüler und Schülerinnen während der Unterrichtszeit, was vor allem aufgrund der Schulpflicht für massenhaft Diskussionen unter Lehrern, Eltern und Politikern sorgte. Doch immer mehr Menschen zeigten sich mit den Schülern solidarisch und setzten sich für eine wirksame Klimapolitik ein, indem sie an den Protesten teilnahmen – auch viele Erwachsene. Es bildeten sich die Students for Future, die Scientists for Future, die Parents for Future und die Grandparents for Future etc. Immer mehr Länder und Menschen beteiligten sich und sind bis heute Bestandteil dieser Bewegung, die ihren Kampf weiterführt.

Immer viel zu tun

Was die Hausaufgaben in der neuen Schule anging, so brachen für uns ganz neue Zeiten an. Nun hieß es Hausaufgaben über Hausaufgaben und das Lernen für die vielen Tests und Arbeiten durfte man natürlich auch nicht vergessen. Die meiste freie Zeit ging also trotzdem für Schule drauf. Sehr viel Freizeit blieb uns nicht. Das hielt uns jedoch nicht davon ab, sie gut zu nutzen und Spaß zu haben. Wir verabredeten uns, um die neusten Filme im Kino zu sehen oder um ins Schwimmbad zu gehen. Es reichte uns aber auch aus, uns einfach im Stadtpark zu treffen und die neuesten Apps und Funktionen am Handy auszuprobieren.

Unsere Hobbys aus der Grundschulzeit übten wir selbstverständlich weiter aus. So trainierten wir in unserer gewählten Sportart manchmal noch häufiger, damit wir am Ende das Beste aus uns rausholen konnten. Auch musikalisch waren viele unterwegs, fast jeder von uns hat mindestens einmal ein Musikinstrument gespielt. Meistens waren es Klavier, Geige, Flöte, Gitarre oder Saxophon. Für uns hieß das aber auch, dass man an Geburtstagen oder an Weihnachten der ganzen Familie sein Talent zeigen musste.

Wir brauchen Veränderung

Die neue Lebensphase bedeutete nicht nur für uns eine Typveränderung, sondern auch für unser Zimmer. Nachdem unsere Eltern uns nach langwierigen Diskussionen erlaubten, unser Zimmer umzugestalten, konnten wir loslegen. An erster Stelle stand der Kauf eines größeren Bettes. Die normale schmale Matratze reichte uns nicht mehr aus, mindestens 1,40 Meter musste sie schon breit sein. Doch vorab brauchten die Wände einen neuen Anstrich. Gemeinsam mit unseren Freunden überlegten wir, welche Farbe oder Tapete am besten zu uns passte. Dann wurden Farbeimer in der richtigen Mischung besorgt, und schon durfte man selbst den Pinsel schwingen.

Wir nehmen die Renovierung selbst in die Hand.

All unser altes Spielzeug wurde ersetzt durch die Sachen, die uns nun interessierten. Unsere ganzen Kuscheltiere und alten Klamotten wurden entweder auf dem Dachboden oder im Keller verstaut oder sie wurden Freunden der Familie geschenkt. An Wände wurden Poster von unseren Idolen aufgehängt oder es wurden Fotowände mit all den Bildern unserer Freunde gestaltet. Was die Deko anging, hatten wir uns Inspiration bei YouTube geholt und wollten am liebsten genau das Zimmer, wie wir es im Video gesehen hatten. Doch leider kam es am Ende nicht ganz so raus wie gehofft. Eine Sache, die auf keinen Fall fehlen durfte, waren Lichterketten, die für Gemütlichkeit sorgten. Am Ende hatten wir einen Raum, der nach unseren Wünschen gestaltet war und in dem wir uns wohlfühlten.

Konfi, Firmung, Jugendweihe

Kaum hatten wir eine Entscheidung getroffen, wartete auch schon die nächste auf uns und dieses Mal war sie etwas größer und bedeutender als sonst. Es ging um unsere Konfirmation, unsere Firmung oder unsere Jugendweihe. Je nach Konfession des Elternhauses lagen Konfirmation oder Firmung oft auf der Hand, aber manche entschieden sich dennoch dagegen. Die Jugendweihe war in manchen Regionen verbreiteter als in anderen. Sie war kein religiöses Fest, sondern ein humanistisches, das aber ebenso den Eintritt ins Erwachsenenalter symbolisiert wie Konfirmation und Firmung. Ganz gleich, wie wir uns entschieden, es bedeutete erst mal Unterricht. Beim Konfi- oder Firmungsunterricht trafen wir uns wöchentlich, um über Religion in Bezug auf die Geschichte und auf unser Leben zu reden. Für unsere Pfarrer war es wichtig, dass wir auch verstanden, was der Glaube in unserem Leben zu bedeuten hatte. Doch nicht nur der Unterricht stand auf dem Programm, auch das Helfen bei Gottesdiensten war Pflicht und so waren wir oftmals dabei, wenn der Pfarrer sonntags seine Reden hielt. Während manch einer doch Gefallen an der Sache fand, schlief der andere fast dabei ein. Aber immerhin kamen wir nach fast einem Jahr endlich zu unserer lang ersehnten Konfirmation oder Firmung, zu der unsere Familien gerne ein riesiges Fest organisierten. Der Aspekt des Geldes, welches man zu solch einer Feierlichkeit geschenkt bekam, war natürlich nicht außer Acht zu lassen.

Jetzt bist du dran!

Vom Kind zum Teenager

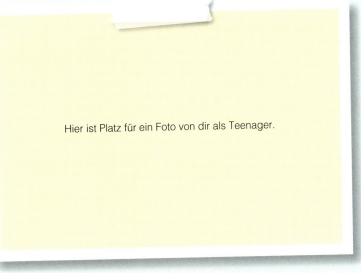

Hier ist Platz für ein Foto von dir als Teenager.

Über mich

Meine Schule:

Meine Interessen:

Meine Hobbys:

Mein Style:

Meine Musik:

Meine Idole:

Meine Clique:

Meine Lieblingsfilme/-serien:

11. bis 14. Lebensjahr

Alle werden mal erwachsen

2020-2023

Ein Schulkapitel geht zu Ende.

Endspurt

Nachdem das letzte Schuljahr der weiterführenden Schule begonnen hatte, hieß es für uns erneut eine Entscheidung zu treffen. Wie sollte es weitergehen? Sollten wir eine Ausbildung machen oder uns doch ans Fachabi oder Abitur wagen? Besuche in Jobcentern oder Betrieben sollten uns auf unsere spätere Jobwahl vorbereiten. Denn nicht jeder von uns wusste bereits, welchen beruflichen Weg er nach Ende der Schulzeit einschlagen wollte.

Chronik

19. Februar 2020
Bei einem rechtsextremistischen Anschlag in Hanau werden neun Menschen getötet, die alle einen Migrationshintergrund hatten.

Anfang März 2020
Die ersten Menschen in Deutschland infizieren sich mit dem Covid-19-Virus.

20. Januar 2021
Der Demokrat Joe Biden löst den Republikaner Donald Trump nach vier Jahren Amtszeit als Präsident der Vereinigten Staaten ab.

15. Juli 2021
Im Ahrtal führen starke Regenfälle zu Überflutungen, bei denen über 180 Menschen ihr Leben verlieren und ganze Ortschaften zerstört werden.

26. September 2021
Nach 16-jähriger Regierungszeit durch Angela Merkel (CDU) wird Olaf Scholz (SPD) neuer deutscher Bundeskanzler.

24. Februar 2022
Russland greift die Ukraine an und beginnt einen Krieg in Europa.

1. Juni 2022
Das 9-Euro-Ticket, das zur Nutzung aller Nahverkehrsverbindungen in Deutschland berechtigt, wird für drei Monate eingeführt.

8. September 2022
Mit 96 Jahren stirbt Queen Elizabeth II., ihr Sohn Prinz Charles übernimmt als King Charles III. das Zepter.

20. November 2022
Die Fußball-WM startet in Katar. Aufgrund der Missachtung der Menschenrechte im Austragungsland steht sie stark in der Kritik. Das deutsche Team scheidet in der Vorrunde aus.

7. April 2023
Alle Corona-Schutzmaßnahmen in Deutschland enden, die Pandemie gilt als besiegt.

6. Februar 2023
Bei schweren Erdbeben in Teilen der Türkei und Syriens sterben 60 000 Menschen.

15. April 2023
In Deutschland werden die letzten Atomkraftwerke abgeschaltet.

Doch bevor der erneute Schulwechsel oder der Schulabschluss anstand, gab es am Ende des letzten Schuljahres in der Mittelstufe noch eine Abschlussfahrt. Die führte uns oft nach Berlin, Hamburg oder ins Ausland, z. B. nach London, Paris oder Rom. Es war die letzte Fahrt mit der Klasse, mit der man über mehrere Jahre fast täglich zusammengesessen hatte. Das bedeutete zum einen, dass diese Fahrt ein schöner Abschluss für uns alle war, doch es war zum anderen auch traurig. Denn es hieß mal wieder Abschied nehmen. Und eins war auf jeden Fall klar: Welchen Weg wir danach auch einschlugen, es würde viel Arbeit auf uns zukommen.

Die nächsten drei Jahre bedeuteten für manche von uns puren Stress. Wir mussten uns nicht nur an die neue Umgebung und an neue Lehrkräfte gewöhnen, sondern auch an eine ganz neue Lernkultur. Ab jetzt hieß es noch mehr Unterricht, Hausaufgaben, Tests, Arbeiten, Referate etc. Unser Alltag bestand also fast nur noch aus Schule. Zwischen die Schulstunden mussten wir die Fahrschulstunden quetschen und dafür sorgen, dass wir ein bisschen eigenes Geld verdienten. Und Hobbys wie Sport oder Musik sowie unsere Clique hatten wir ja schließlich auch noch.

Doch nicht nur diejenigen, die sich für die Schulbank und das Abitur entschieden hatten, mussten sich umgewöhnen, sondern auch die unter uns, welche

15. bis 18. Lebensjahr

eine Ausbildung antraten. Erst mal hieß es, den richtigen Ausbildungsberuf zu finden, der zu einem passte, und dann den richtigen Ausbildungsbetrieb. Zum Glück gab es ein großes Stellenangebot, sodass die Wahl bei den Bewerbern lag. Ab nun hieß es, Berufsschule im Wechsel mit langen Arbeitstagen zu bewältigen. An diesen neuen Lifestyle musste man sich erst mal gewöhnen. Dafür verdienten die Auszubildenden schon ihr eigenes Geld, ein klarer Vorteil gegenüber den Oberstufenschülern.

Ein Leben in einem anderem Land

Wir alle sahen Tag für Tag immer die gleiche Umgebung, daher entschlossen sich einige von uns, aus der gewohnten Umgebung auszubrechen. Sei es nur für zwei Wochen oder sogar für einige Monate bis zu einem ganzen Jahr. Von der Schule wurden besonders in Fremdsprachenkursen Austauschfahrten in das jeweilige Land der Sprache angeboten. Eine Gelegenheit, die wir gerne wahrnahmen. Wir lernten dadurch vieles über die andere Kultur und verbesserten unsere Sprachkenntnisse ein wenig.

Wem das nicht ausreichte oder wer sich zu mehr inspiriert fühlte, der entschloss sich für ein Auslandsjahr. Besonders beliebte Länder waren Amerika

Glücklich, wer auf Skifreizeit fahren konnte.

Gute Stimmung beim Football.

oder Kanada. Zunächst gab es ein Bewerbungsverfahren bei einer Organisation für Sprachaufenthalte, dann wurde entschieden, wo es hingehen sollte, und schließlich bekam man eine Gastfamilie zugeteilt. Ab diesem Moment ging alles ganz schnell. Freunde und Familie planten eine Abschlussfeier und in der gefühlt nächsten Sekunde saß man schon im Flieger zu der von nun an zweiten Familie.

Das Leben im anderen Land unterschied sich selbstverständlich stark von dem, das man gewohnt war. Angefangen vom Essen, über die Mentalität bis hin zur Schule. In Amerika wurde man z. B. von den typischen gelben Schulbussen abgeholt und zur Schule gefahren. Der Unterricht bestand häufig aus Multiple-Choice-Fragen. Die Teenager spielten Football und wurden an den Seiten des Spielfeldes von Cheerleadern angefeuert. Auch wenn man vor allem am Anfang ein kleines bisschen Heimweh hatte, genoss man die Zeit in einem fremden Land und wuchs daran. Schließlich hatte nicht jeder die Möglichkeit, solche Erfahrungen zu sammeln.

Leider machte vielen von uns die Coronapandemie einen Strich durch die Rechnung. Die Sprachreisen und Austauschfahrten waren jedoch nicht das Einzige, was wegen der Pandemie verschoben werden musste. Auch Skifreizeiten wurden abgesagt. Wenn man Glück hatte, durfte man in den Bergregionen von Deutschland das Skifahren erlernen. Viele von uns hatten nicht damit gerechnet, dass es doch so anstrengend sein würde.

15. bis 18. Lebensjahr

Corona

Schon Ende 2019 kamen die ersten News im Fernsehen, dass sich in China ein neues, besonders ansteckendes Virus ausbreiten würde, das Coronavirus Covid-19. Es löst eine noch unbekannte Lungenkrankheit aus. Zunächst hat man sich nichts dabei gedacht, schließlich war China Tausende Kilometer von Deutschland entfernt. Doch schon bald gab es erste Meldungen, dass das Virus auch in Europa festgestellt wurde. Am 27. Januar 2020 wurde der erste Fall in Deutschland bestätigt. Covid-19 war bei uns angekommen und verbreitete sich rasend schnell in der ganzen Welt. Erste tödliche Fälle wurden im März bekannt. Die Pandemie nahm Fahrt auf.

Am 22. März wurde für Deutschland der erste Lockdown von der Regierung ausgerufen. Das hieß zunächst: für zwei Wochen keine Schule. Viele Menschen durften nicht zur Arbeit gehen. Sportstätten, Kinos, Theater, Bars und Restaurants mussten schließen, Menschenansammlungen sollten vermieden werden.

Es blieb jedoch nicht bei der kurzen Schließungszeit. Ehe man sich versah, dauerte der erste Lockdown – abgesehen von einer Unterbrechung im Sommer – mehrere Monate. Auch andere Geschäfte – außer dem Lebensmittelhandel – mussten schließen und es galten rigide Kontaktbeschränkungen. Nur Angehörige zweier Haushalte durften sich treffen. Masken waren an öffentlichen Orten Pflicht. Wir mussten Homeschooling machen und auch viele Erwachsene arbeiteten von daheim aus.

Die Zahl der Infizierten stieg trotzdem Tag für Tag. Dem ersten Lockdown folgten weitere.

Nach über einem Jahr waren Impfstoffe entwickelt worden und eine groß angelegte Impfkampagne begann. Es gab jedoch auch viele Impfgegner, die auf die Straße gingen, um gegen die Einschränkungen und gegen den Impfzwang zu protestieren.

Die Ausbreitung des Virus verlief in Wellen, so gab es immer wieder Lockerungen und Verschärfungen der Corona-Schutzmaßnahmen. Fast hatte man sich schon daran gewöhnt, Masken zu tragen, Abstand zu halten, zu Hause zu bleiben. Corona war ein Teil von unserem Leben geworden. Doch das Virus wurde schwächer und ungefährlicher. Im April 2023 wurden sämtliche Beschränkungen und Maßnahmen aufgehoben und das Leben fing endlich an, wieder so zu werden, wie wir es kannten.

Wir kannten uns nur noch mit Masken.

Zwischen Corona und dem Erwachsenwerden

Wir waren bereit – bereit unsere Jugend zu genießen und erwachsen zu werden. Tja, leider kam uns Corona in die Quere und bremste uns aus. Spätestens, als der erste Lockdown verhängt wurde, war klar, dass wir unseren 14. Geburtstag etwas anders feiern würden als gedacht. Freunde und Familie zu sehen war zwar zunächst noch möglich, doch hegten wir die große Angst, uns doch noch mit dem Virus anzustecken. Auch die Ausgangssperre oder die maximal erlaubte Personenanzahl an einem Ort trieben uns in den Wahnsinn, doch war das nichts, was wir nicht irgendwie lösen konnten. Entweder waren wir Pärchen oder über drei Ecken verwandt. Und natürlich musste man abends den Hund suchen, der einem vermeintlich weggelaufen war. Unserer Fantasie waren keine Grenzen gesetzt. Nach dem ersten harten Lockdown mit strengen Kontaktbeschränkungen galt für alle möglichen Freizeitaktivitäten eine Testpflicht oder gar ein Impfnachweis, sodass für einen einfachen Besuch im Kino ein gefühlter Tagesaufwand notwendig wurde.

    Aber nicht nur unsere Freizeit veränderte sich enorm, auch die Schule verwandelte sich in ein komplett neues System. Das Homeschooling wurde eingeführt und wir lernten fortan mit unseren Lehrern über Laptops oder iPads

15. bis 18. Lebensjahr

von zu Hause aus statt in Klassenzimmern. Die Lehrer gaben sich Mühe, uns trotzdem etwas beizubringen, doch wenn wir ehrlich waren, war alles interessanter als der Online-Unterricht. So loggten wir uns zwar in die Videokonferenzen ein, schalteten aber auf stumm und ließen den Unterricht über uns ergehen, während wir unseren Freunden schrieben. Auch Klausuren wurden online geschrieben, doch war das Spicken hier leichter als je zuvor. Mit der richtigen Lösung neben dem Laptop oder an der Wand gingen wir in unsere Prüfungen und erreichten – welch ein Wunder – auch relativ gute Noten. Doch als sich die Corona-Schutzmaßnahmen etwas lockerten und der Präsenzunterricht wieder losging, fingen auch unsere Lehrer an zu kapieren, was wir in den letzten Monaten gemacht und gelernt hatten: (fast) nichts! Bei nahezu jedem gingen die Noten in den Keller und wir hatten beim Lernstoff großen Nachholbedarf. Uns fiel auf, wie komisch es war, plötzlich jeden ausschließlich mit Maske zu sehen. Lehrer, aber auch unsere Freunde sahen ganz anders aus. Trotzdem konnten wir unser Leben wieder ein bisschen mehr genießen und freuten uns umso mehr, dass endlich wieder Klassenfahrten stattfinden konnten, auch wenn das zu noch mehr Corona-Fällen führte. Auf der anderen Seite verfluchten wir uns, wenn wir aus Flaschen anderer getrunken hatten, welche Tage später positiv getestet waren. Doch irgendwie drehte sich die Welt weiter und unser Leben kehrte mehr und mehr zur Normalität zurück – bis im April 2023 endlich die Pandemie für beendet erklärt wurde und alle Masken und Schutzmaßnahmen fielen.

Black Lives Matter

Die bereits 2013 gegründete antirassistische Bewegung „Black Lives Matter" erlangte 2020 durch die Verbreitung eines Videos große Aufmerksamkeit. Es zeigt die Ermordung des Afroamerikaners George Floyd, welcher im Mai 2020 bei einer Festnahme von einem Polizisten qualvoll erstickt wurde. Der Polizist kniete 29 Sekunden lang auf dem Hals des Opfers und drückte ihm trotz dessen flehentlichen Bittens die Luft ab. Auch seine Kollegen schritten nicht ein. Demonstrationen gegen derartige rassistische Polizeigewalt fanden daraufhin in der USA und zahlreichen anderen Ländern statt. Viele Menschen schlossen sich der Bewegung an oder sympathisierten mir ihr. Auch die soziale Ungleichheit während der Coronapandemie in den USA sorgte noch einmal dafür, dass mehr Menschen auf die Straße gingen und sich den Demonstrationen anschlossen.

Mit Babysitting oder als Fahrradkurier konnte man ein bisschen Geld verdienen.

Arbeiten ist anstrengend

Wir hatten das Alter für Minijobs erreicht und wir waren bereit, uns ein bisschen Geld zu verdienen. Ein paar Zeitungen austragen und babysitten – das konnte ja schließlich nicht so schwer sein, oder? Das war unsere Meinung zu den Minijobs, bevor wir sie ausprobiert hatten. Egal ob Zeitung austragen oder Hunde Gassi führen, bei der Kälte im Winter ging uns fast immer die Lust aus und das Gefühl in den Fingerspitzen verloren. Auch im Sommer war das nicht immer spaßig bei brütender Hitze oder Gewitter. Nachhilfe wäre vielleicht besser, dachten wir uns. Schön und gut, aber wenn man selber nicht auf die Lösungen kommt, ist das nicht der optimalste Job. Ebenso hatte das Einräumen von Lebensmitteln im Supermarkt seine Nachteile und wir erkannten, dass Arbeiten doch nicht so easy war wie anfangs gedacht. Aber nützliche Erfahrungen sammelten wir allemal und Geld verdienten wir auch.

Nicht nur Minijobs verschafften uns einen Einblick in die Arbeitswelt, auch der Beginn einer Ausbildung nach der zehnten Klasse oder Schulpraktika machten uns klar, was einmal auf uns zukommen würde. Nach allem, was wir so übers Arbeiten lernten, kristallisierten sich zwei Erkenntnisse heraus: Erstens: Schule war doch irgendwie entspannter. Und zweitens: Wir hatten nun Klarheit darüber, was wir vielleicht später gerne machen wollten – oder auch nicht. So hatte das Arbeiten auch seine positiven Seiten, vor allem für unsere Eltern. Dass wir einem Ferienjob nachgingen, war ihnen am liebsten, denn wir waren nicht zu Hause und sie hatten ihre Ruhe. Zumindest bis wir nach Hause kamen und uns über das harte Arbeitsleben beklagten.

„You see me rolling"

Wir waren nun 16 1/2 und konnten uns endlich in der Fahrschule anmelden, um mit dem lang ersehnten Führerschein zu beginnen. Es war nicht so, dass wir besonders Lust darauf hatten, dafür zu lernen und zu üben, aber es half ja nichts. Wir mussten pauken, bis wir alle möglichen Theorie-Fragen im Schlaf auswendig konnten. Wenn das geschafft war, blieb uns noch die Praxis, der zweite Teil des Führerscheins, und für manche war dies auch der wesentlich schwerere. Während das Autofahren bei unseren Eltern superleicht aussah, bemerkten wir, dass es das eigentlich gar nicht war. Das fing schon beim Starten des Motors an, denn dieser wollte nicht immer so wie wir. Auch das Schalten ging nicht wie im Schlaf und verschaffte uns Adrenalinschübe beim Beschleunigen. Wenn wir jedoch erst einmal ein wenig Fahrgefühl gewonnen und uns an das Auto gewöhnt hatten, lief es besser. So war der Fahrlehrer manchmal erstaunt über unsere Fähigkeiten, die wir bei ihm noch gar nicht erlernt hatten. Wozu Feldwege nicht alles gut waren. Doch war das eher die Ausnahme, denn meistens hatten wir das Gefühl, dass unser Fahrlehrer lieber noch einen Airbag mehr gehabt hätte. Wie auch immer unsere Fahrstunden verliefen, irgendwann lernten wir das Fahren doch noch. Unser Tunnelblick verschwand allmählich und auch die Nachtfahrten waren keine so große Herausforderung mehr. Es war also nun Zeit, sich für die Prüfung anzumelden. Eine Prüfung, vor der jeder von uns Angst hatte. Da half auch kein Kräutertee. Es wurden die nervenaufreibendsten Minuten unseres Lebens und deshalb waren wir umso glücklicher, als wir bestanden hatten. Auch wenn wir erst 17 Jahre waren und immer unsere Eltern herumkutschieren mussten, eines war sicher: Mit dem Führerschein waren wir auch ein Stück erwachsener und freier geworden.

Wenn der Führerschein geschafft ist, sitzen wir selbst am Steuer.

„BeReal"-Foto – zu jeder Zeit an jedem Ort.

Unsere digitale Welt

In unserer Generation spielte Social Media eine ganz große Rolle. Instagram, Snapchat und TikTok waren zu einem Teil unseren Lebens geworden.

Auf TikTok sangen und performten wir fleißig zu Popsongs, vor allem den Tanz „Renegade". Wir lernten diese paar Schritte von Charlie D'Amelio oder Addison Rae, zwei sehr beliebten Influencerinnen auf dieser Plattform. WhatsApp wurde immer seltener für das Kommunizieren genutzt, denn wir hatten ja Snapchat. Damit konnten wir unseren Freunden Videos oder Fotos mit einer Nachricht schicken.

Die neueste App war BeReal, die wir sofort auf unsere Handys luden. Bei dieser App musste man einmal pro Tag ein Foto machen, das alle Follower sehen konnten. Jedoch wussten wir nicht, wann das sein würde. Irgendwann im Verlauf des Tages bekamen wir von der App eine Nachricht, von da an hieß es, dass wir zwei Minuten Zeit hätten, um auf den Auslöser zu drücken. Und egal ob wir gerade zu Hause, unterwegs oder sogar in der Schule waren, wir bekamen es hin.

Auf Instagram posteten wir fleißig Fotos und folgten jeder Menge Influencern und Models. Deren gutes Aussehen und deren Schlagfertigkeit oder Talente kratzten manchmal an unserem Selbstbewusstsein, wären wir doch selber gerne so wie unsere Idole gewesen. Doch mussten wir uns dabei immer wieder vor Augen halten, dass vieles im Netz nur fake war.

15. bis 18. Lebensjahr

Ein Muss auf unseren Partys.

„A little party never kills nobody"

Wir waren nun alt genug, um auf Partys zu gehen, die erste Discoluft zu schnuppern und Alkohol zu trinken, zumindest ein wenig, wenn unsere Eltern uns fragten. Wir waren aufgeregt, dass erste Mal auf eine Hausparty gehen zu dürfen, auch wenn unsere Eltern uns dafür eine Zeitbeschränkung auferlegten. Das hielt uns nicht davon ab, uns zurechtzumachen und uns auf den bevorstehenden Abend zu freuen. Schließlich war das Partyleben etwas komplett Neues für uns. Auch das Organisieren einer eigenen Party war ein Novum für uns. Bisher hatten unsere Eltern die Feiern ja immer für uns ausgerichtet. Tja, das Fazit der ersten eigenen Fete war, dass es schöner war, auf Partys anderer zu gehen, denn das Chaos danach bekam selten einer von uns zu sehen. Doch egal wie schlimm der Morgen danach auch war, man hatte ein paar Erinnerungen und Fotos, die manch einer von uns vielleicht doch lieber vergessen hätte. Auf jeden Fall gab es am nächsten Tag genug Stoff für Gossip und dafür sorgte wahrscheinlich auch der Alkoholkonsum. Apropos: Getränke wie Klopfer, Saure Kirsche oder Astra waren auf jeder Party ein Muss und wurden gern gemischt. Natürlich durften auch gute Musik und Partyspiele nicht fehlen. Während es immer irgendjemanden gab, der die DJ-Rolle übernahm, wurden Spiele wie Bier-Pong und Wahrheit oder Pflicht echte Stimmungsmacher. Je später der Abend, umso lustiger die Spiele.

    Auch in Clubs gingen wir immer häufiger. Die Musik war lauter, der Laden voller und die Stimmung aufgeheizter als auf privaten Feten. Die Menschen um uns herum waren anders und wir lernten neue Leute kennen. So langsam kamen wir hinsichtlich des Nachtlebens auf den Geschmack …

Krieg in der Ukraine

Am 24. Februar 2022 marschierte die russische Armee von mehreren Seiten in die Ukraine ein. Bombardierungen ukrainischer Städte und wichtiger Infrastruktur sowie militärischer Einrichtungen folgten. Es war das erste Mal seit langer Zeit, dass in Europa ein Krieg ausbrach. Tausende von Menschen kamen ums Leben und über zehn Millionen Ukrainer haben ihr Land verlassen, um sich und ihre Familie in Sicherheit zu bringen. Auch Deutschland nahm zahlreiche Flüchtlinge auf. Spendenaktionen und ehrenamtliche Hilfe aus der Bevölkerung erleichterten den Menschen das Einleben. Auch die Regierungen europäischer und amerikanischer Staaten leisteten humanitäre Hilfe und lieferten Waffen zur Verteidigung an die Ukraine.

Wie lange dieser Krieg noch andauern wird, ist jedoch noch ungewiss.

„Love is in the air"

Ach ja, das Verliebtsein war schon etwas Besonderes. Vor allem, wenn es die erste große Liebe war. Viele von uns hatten sich bis zu den Teenagerjahren mit „Kindergartenbeziehungen" rumgeschlagen und ahnten nicht, wie es war, in einer echten Beziehung zu sein. Das änderte sich aber schlagartig, als wir das erste Mal so richtig verliebt waren und ein Pärchen wurden. Was sich mit elf unmöglich anfühlte, stellte sich plötzlich als selbstverständlich dar. Wie zum Beispiel das Händchenhalten und das Küssen. Wir waren wie auf Wolke 7.

Beste Freundinnen helfen auch bei Liebeskummer.

15. bis 18. Lebensjahr

Natürlich gab es auch Streitereien und wir erlebten nicht selten eine Achterbahnfahrt der Gefühle, wenn die Interessensunterschiede immer deutlicher wurden. Während die Jungs sich vor allem fürs Zocken interessierten und sich neben der Beziehung auf ihren Sport fokussieren wollten, wollten Mädchen meist mehr Aufmerksamkeit und ganz viel Zeit mit dem Partner verbringen. Kinodates waren oft der kleinste gemeinsame Nenner. Es war so vieles neu, dass wir aufpassen mussten, nicht unser altes Leben und unsere Freundschaften völlig zu vernachlässigen. Auch die Coronasituation machte es nicht leichter. Wir konnten uns seltener sehen als sonst und so wurde Facetime unser „Ort". Wir konnten stundenlang telefonieren und dabei einschlafen und trotzdem war es nicht dasselbe wie ein richtiges Treffen. Lange hielt die erste Beziehung meist nicht. Doch gab es immer einen besten Freund oder eine beste Freundin, die oder der uns tatkräftig unterstützte, die Trennung zu überwinden. Egal ob mit Eis, einem Film oder so viel Sport, das wir an nichts anderes mehr denken konnten.

Finally 18

Eigentlich ist die 18 ja nur eine Zahl. Eine Zahl wie jede andere, doch für uns bedeutete sie mehr. Es war die Anzahl unserer Lebensjahre, die unser Erwachsenwerden symbolisierte. Wir wurden vom einen auf den anderen Tag erwachsen und trotzdem fühlte sich alles wie zuvor an. Jetzt mit 18 lag die Welt uns zwar zu Füßen, aber das hieß nicht, das wir schon einen Plan für die Welt hatten. Wir waren lange Zeit wie besessen davon gewesen, volljährig zu werden, sodass wir gar nicht darüber nachgedacht hatten, was danach kommen würde. Vielleicht wurden wir nicht über Nacht wirklich erwachsen, aber zumindest konnten wir jetzt herausfinden, was die Welt uns zu bieten hatte.

Jetzt bist du dran!

Endlich 18!

Hier ist Platz für ein Foto von dir mit 18.

So geht's weiter

Mein Schulabschluss:

Meine Stärken:

Meine Schwächen:

Mein größter Erfolg:

Mein Motto:

Meine Pläne:

15. bis 18. Lebensjahr

Für alle ab 18

Unsere Jahrgangsbände gibt es für alle Jahrgänge ab 1921 bis zum aktuellen 18. Geburtstag, auch als DDR-Ausgabe.

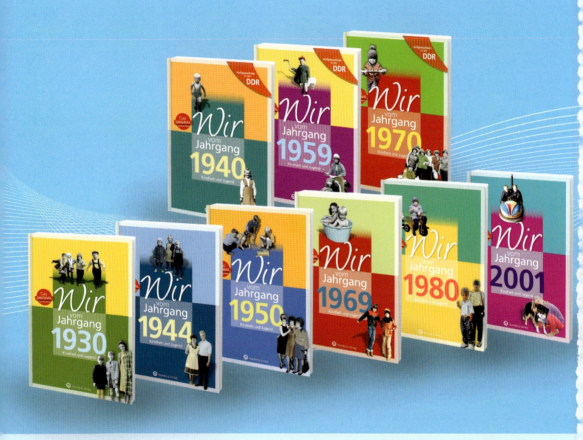

Sie suchen ein Buch ...

... über Ihren Jahrgang?
... über Kindheitserinnerungen?
... über Ihre Stadt oder Region?
... mit regionalen Rezepten?

Wartberg-Verlag GmbH
Im Wiesental 1
34281 Gudensberg-Gleichen
Telefon: (0 56 03) 93 05 - 0
Telefax: (0 56 03) 93 05 - 28
E-Mail: info@wartberg-verlag.de
www.wartberg-verlag.de

**Sie finden es unter
www.wartberg-verlag.de**